Lost Places.
Verlorene Orte

Bibliografische Information der Deutschen Nationalbibliothek
Die Deutsche Nationalbibliothek verzeichnet diese Publikation in der
Deutschen Nationalbibliografie; detaillierte bibliografische Daten sind
im Internet über http://dnb.dnb.de abrufbar.

Coverbild: © Paul Hennig - y.gy
Composing durch Büro Ecco, Augsburg

Herausgeber: Bezirksheimatpflege Schwaben
Redaktion: Michael Friedrichs

ISBN 978-3-95786-319-5

© Wißner-Verlag, Augsburg 2022
www.wissner.com

Lost Places.
Verlorene Orte

Schwäbischer Literaturpreis 2022

Inhalt

Grußwort des Bezirkstagspräsidenten

In diesem Jahr verleihen wir als Bezirk Schwaben zum 17. Mal den Schwäbischen Literaturpreis. Damit folgen wir einer bewährten Tradition, schließlich unterstützt der Bezirk bereits seit seiner Gründung vor fast 70 Jahren die Kulturarbeit in Schwaben. Die Förderung der Literatur liegt uns dabei besonders am Herzen: Ein kreativer Umgang mit Sprache, spannende, berührende Themen und die Möglichkeit, für die Dauer der Lektüre in andere Leben einzutauchen – Literatur bereichert nicht nur unseren Alltag, sie hält uns immer auch einen wichtigen Spiegel vor.

Ich freue mich deshalb besonders, dass wir so zahlreiche wie kluge und überraschende Einsendungen erhalten haben. Bei allen Teilnehmerinnen und Teilnehmern an unserem Wettbewerb bedanke ich mich ganz herzlich für ihre Manuskripte!

Die vorliegende Anthologie versammelt unveröffentlichte Werke von Schreibenden, die im schwäbisch-alemannischen Kulturraum leben oder dort ihre biographischen Wurzeln haben. Die insgesamt 16 ausgewählten Texte widmen sich dem Thema „Lost Places. Verlorene Orte". Jeder Autor und jede Autorin hat einen ganz eigenen Zugang zu diesem ungewöhnlichen Thema gewählt. Welch unterschiedliche Texte dabei entstanden sind, ist beeindruckend. Alle eingereichten Beiträge haben durch ihre inhaltliche wie auch sprachliche Qualität überzeugt. Unseren Jury-Mitgliedern ist es daher nicht leichtgefallen, eine Auswahl zu treffen und sich für die Preisträger zu entscheiden – auch der Jury gilt an dieser Stelle mein besonderer Dank.

Ihnen, liebe Leserinnen und Leser, wünsche ich viel Freude bei einer Reise an Orte, die normalerweise nur selten besucht werden.

Herzlichst

Martin Sailer
Bezirkstagspräsident

Vorwort

Bayerisch-Schwaben kann auf ein reiches kulturelles Erbe zurückblicken. Dieses Erbe verpflichtet uns, der Kultur auch weiterhin einen fruchtbaren Boden zu bereiten. Der Bezirk Schwaben lobt deshalb unter anderem einen Literaturpreis aus. Seit seiner Initiation 2005 erfreut sich dieser Literaturpreis des Bezirks Schwaben eines großen Interesses. Rund 2 500 Texte wurden seitdem zu verschiedenen Themen eingereicht. Mit 226 Einsendungen, davon 36 von jungen Autorinnen und Autoren (bis 25 Jahre), hat auch der 17. Literaturpreis wieder eine sehr gute Resonanz gefunden. Ausgeschrieben war diesmal ein unveröffentlichter Prosatext zum Thema „Lost Places. Verlorene Orte".
Unter „Lost Places" – genau genommen ein Pseudoanglizismus – versteht man in der Regel aufgegebene, verlassene Liegenschaften. Oft geht von solchen sich selbst überlassenen Bauten eine große Faszination aus. Sie zu betreten kommt einer Entdeckungsreise gleich, die unterschätzte Gefahren in sich bergen kann und oftmals im rechtlichen Graubereich liegt. „Lost Places" können einen unmittelbaren Zugang zur Geschichte oder auch zu einer fiktiven Vergangenheit ermöglichen. Sie stehen darüber hinaus für die tiefe Sehnsucht Verlorenes wieder zu finden und machen Vergänglichkeit sichtbar. Entsprechend in Szene gesetzt sind sie in besonderer Weise als fotografisches Sujet und als Kulisse für Computerspiele bekannt.
Entsprechend zahlreich wie die Deutungsmöglichkeiten von „Lost Places – verlorene Orte" sind auch die Ansätze, die die Autorinnen und Autoren gewählt haben. Dies betrifft sowohl die verlorenen Orte selbst als auch den Hintergrund eines wie auch immer gearteten Verlusts. Ähnlich ist den meisten Texten eine indirekt geführte Auseinandersetzung mit etwas, das sich als „Heimat" beschreiben lässt, eine Heimat, die erst durch den

Verlust sichtbar wird. Viele dieser Texte berühren durch die von ihnen erzeugten Stimmungen.

Die Teilnehmerinnen und Teilnehmer kamen zu je einem Drittel aus Bayerisch-Schwaben und Baden-Württemberg. Sechs Einsendungen erreichten uns aus der Schweiz, neun aus Österreich. Ein Text wurde aus dem außereuropäischen Ausland, aus Kyoto, eingereicht. Die Mehrzahl der Beiträge verfassten Frauen (65 %). Aus all den anonym eingereichten Texten wählte eine Jury die Preisträgertexte sowie elf weitere Texte aus, die in die vorliegende Anthologie aufgenommen wurden. Die Jury setzte sich zusammen aus Prof. Dr. Bettina Bannasch (Universität Augsburg), Oswald Burger (ehem. Literarisches Forum Oberschwaben), Dr. Theresia Dingelmaier (Universität Augsburg), Dr. Michael Friedrichs (Redakteur), Dr. Saskia Grandel (Bezirk Schwaben), Dr. Sylvia Heudecker (Schwabenakademie Irsee), Dr. Ulrike Längle (ehem. Franz-Michael-Felder-Archiv Bregenz) und Dr. Sebastian Seidel (Sensemble Theater Augsburg). Den Vorsitz hatte Dr. Michael Friedrichs.

Den Jurymitgliedern gilt in besonderer Weise Dank für das sorgfältige und genaue Lesen der eingereichten Texte sowie deren Auswahl. Gedankt sei auch für die leidenschaftlichen Diskussionen während der Jurysitzung. So vielfältig wie die einzelnen Texte selbst war auch das Meinungsbild der Jurymitglieder zur Qualität der eingereichten Texte. Die Zahl der preiswürdigen Beiträge hat die Zahl der zu vergebenden Texte deutlich überstiegen. Deutlich wird dies in den Texten der Anthologie.

Dass die Beiträge jedes Jahr in einem Taschenbuch veröffentlicht werden können, ist dem Bezirk Schwaben und in besonderer Weise Dr. Michael Friedrichs zu verdanken.

August 2022
Christoph Lang
Bezirksheimatpfleger

Laudatio auf den 1. Siegertext

In diesem Jahr – meinem ersten in der Jury – wurden für den Literaturpreis des Bezirks Schwaben Texte eingereicht, die sich mit dem Thema „lost places" beschäftigten. Verlorenes und Vergessenes wird darin auf gänzlich unterschiedliche Weise präsentiert. Mal lag das Verlorene in Orten und Gegenständen, mal aber auch in den Leerstellen zwischen und in uns Menschen oder unserer Geschichte. Viele Erzählungen transportieren den dystopisch anmutenden, von Pandemie, Krieg und Klimakrise geprägten Zeitgeist des Jahres 2022 und holen darin das „Verlorene" dieser „lost places" zurück in die Gegenwart. „Lost places", so schien es uns in der Jury, geben uns Lesenden also erst einmal Rätsel über unser gegenwärtiges Sein auf. Sie können aber – traut man sich denn, sie genauer zu betrachten – ebenso vieles Vergessene und Verlorene über (unsere) Identität und Vergangenheit erzählen.

Verdichtet ist dieses literarische Erinnern, Reflektieren und gleichzeitige Bewahren im Siegertext, „Unsere berühmte argentinische Stille" von Heinz Peter Geißler. Der Text lässt uns – zugegebenermaßen – erst einmal rätselnd zurück. Nach und nach erobert er sich aber durch seine Bilder, Farben und Klänge einen Platz im Kopf der Lesenden. Collagenhaft reihen sich hier verspielte bis bildgewaltige Versatzstücke aneinander, mäandert das erzählende Ich von Wort zu Wort. Am Ende fügt sich ein Textgebilde zusammen, dessen Sprach- und Bildvirtuosität seinesgleichen sucht und gekonnt von Verlorenem und Vergessenem zu erzählen vermag; und dies nicht nur überaus poetisch, sondern auch mit dezentem Humor und Wortspiel, tiefgründig und nachhallend.

Im Mittelpunkt der Geschichte steht wie gesagt ein „Ich", das bereits im Titel auf ein „Uns" verweist: Ein Brüderpaar, das Erinnerungen teilt und sich mehr und mehr zu verlieren droht.

Erinnerungen jedoch sind das, das es hier vor dem Vergessen zu bewahren gilt; Erinnerungen sind die Stützen, die das Gemeinsame, aber auch das Eigene, davor retten, „lost places" zu werden. Oder in den Worten des Texts: „Erinnerung, war das nicht der Zwilling der Wirklichkeit?"

Bevor sich der Text jedoch genauer mit diesem Brüderpaar und seiner Geschichte beschäftigt, widmet er sich der Beschreibung eines Verlorenen Ortes der Brüder: einem Türchen in der Wand, das Behältnis für ein seltsam mit den unterschiedlichsten Materialien mumifiziertes und gehütetes Päckchen mit „Dingen" ist. Dinge, die gesammelt wurden, bevor „alles kompliziert wurde": Erinnerungen. Wie ein immer weiter anwachsender Kokon werden diese Dinge im Laufe der Zeit vom erzählenden Ich mit unterschiedlichsten Schichten aus Stoff, Papier, künstlichen und vor allen Dingen auch natürlichen Materialien umgeben. Ein regelrechter „Stützzaun" entsteht. Weiße, rote, bunte, grüne und schließlich silberne Lagen umgeben das Schächtelchen und tragen mit sich wiederum Erinnerungen an das Leben und die vergangene Zeit.

Farben sind hier Worte, die synästhetisch Emotionen, Bilder und Erinnerungen mit sich transportieren. Am anschaulichsten vielleicht das Silber. Silber wie das Silberglöckchen, das am Ende über dem Schächtelchen hängt, jedoch auf ewig, so der Befehl des Bruders, schweigen muss. Setzt man hier das lateinische Wort für Silber, *argentum*, ein, so lässt sich, zu einem gewissen Teil zumindest, das Rätsel des Titels lösen. Es ist, so denke ich, keine national-argentinische Stille, sondern eine silberfarbene, oszillierend zwischen schwarz und weiß, Nacht und Tag. „Unser Argentinien" ist die silberne Zeit des Schlafs und „unsere berühmte argentinische Stille", ist, so erläutert der Text auf der letzten Seite, das gemeinsame Einschlafritual der Brüder: Das mithilfe von Klopfzeichen und Ritualen erfolgende gemeinsame Hineindirigieren in den silberfarbenen Schlaf.

Das Schächtelchen und dessen Farb- und Erinnerungsschichten erzählen also bei genauerem Hinsehen die Geschichte zweier Brüder, die sich entfremdet haben – „Eine Weile folgte der anderen", aber „das Schächtelchen blieb das Schächtelchen". Es ist eine fragile Beziehung, bedroht von Erinnerungsverlust („Er erinnert sich an nichts") und dem Lauf der Zeit („im Hauptproblem hatte ich einen Beruf"), ein zum „lost place" werdendes Konstrukt. Das erzählende Ich beschreibt dies mit dem Bild eines Riesen, der auf wackeligen Stützen schlafend das Untergeschoss seines Hauses bewohnt. Bräche eine der Stützen weg, so wäre der Schlaf des Riesen gestört. Doch auch das Silberglöckchen darf dafür nicht klingen, bewahrt es anscheinend doch Erinnerungen, die unausgesprochen bleiben müssen. Allein das gemeinsame Erleben der Stille hält die Beziehung der Brüder zusammen: „Wir saßen uns gegenüber und stützten die Stille, zwischen uns das Glöckchen." Die silberfarbene, nächtliche Stille wird nicht vergessen, sondern „berühmt" gehalten und ist schließlich das einzige, das die beiden noch verbindet. Während sich ein Bruder, stetig vergessend, abends nun alleine in den Schlaf klopft und dirigiert, entfernt sich der andere, erzählende Brüderpart. Er sucht Zuflucht in der Natur, entdeckt Pflanzen, Tiere, Materialien, Farben und Geräusche, die ihn wieder zu sich selbst finden lassen: „Spektakuläres Sternenmaterial", die Federbläue des Himmels, Klickgeräusche von Pflanzen, grünes Gras zwischen den Zehen und die Metamorphose der Natur.

Trotz der thematischen Schwere gelingt es diesem Text besonders in diesen Naturpassagen, aber auch im gesamten Erzählverlauf, sich eine optimistische Leichtigkeit zu bewahren und uns zum Schmunzeln zu bringen; mit Wortspielen, wie beiläufig gesetzten, ja hineingestolperten, Binnenreimen und Onomatopoesien, also Lautmalereien, auf das Spiel bzw. das Spielerische, fast schon Kindliche, aufmerksam zu machen. Und dieses (literarisch) Verspielte ist im Gesamten betrachtet auch das, was diese

Erzählung so besonders und preiswürdig macht. Literatur erzählt hier überaus kunstvoll von Verlorenem und Vergessenem. Es gelingt ihr aber, gleichzeitig für die Bejahung des Lebens und der Natur zu plädieren, die allein, so scheint es, im Wieder-Erinnern einen Ausweg aus der zum „lost place" geratenden Erde bietet. Am Ende kann die Erzählinstanz sagen: „Wenn ich in meine Hände sehe, sehe ich Freude in meinen Händen drin."

Theresia Dingelmaier

Unsere berühmte argentinische Stille

Heinz Peter Geißler

Habe ich schon erzählt, dass in der Wand neben meinem Bett früher ein kleines Türchen war? Ich hatte es längst vergessen. Ich fand es wieder, als ich träumte, ein großes Orchester dirigieren zu müssen. Ich dirigierte und dirigierte, und immer fuhr dabei meine Hand an der Wand entlang, um den richtigen Ton zu treffen. Es war schwer, den richtigen Ton zu treffen. Das Orchester hatte längst aufgehört zu spielen, da fand ich das Türchen wieder. Die Tapete war vom vielen Hin-und-her-Wischen meiner Hand löchrig geworden. Jedenfalls konnte ich mit dem Daumennagel die winzige Tür dahinter öffnen.

Ich habe Dinge hineingelegt und herausgenommen wie früher. Ging es mir schlecht, waren alle hineingelegten Dinge weiß. Ging es mir wieder besser, nahm ich sie vorsichtig heraus, tat sie in ein Papier und band es mit bunten Fäden zu, damit es gut zublieb, aber alles wurde kompliziert. Habe ich schon erzählt, dass alles kompliziert wurde? Ich nahm das verschnürte Papier, wickelte es in bunten Stoff, band ihn sorgfältig zu und faltete darüber eine neue Lage Papier, die ich wiederum zuschnürte wie nach den Regeln einer festgefügten Fruchtfolge.

Es blieb nicht dabei. Ich schnitt also ein Pappschildchen aus, auf das ich schrieb: Du sollst die Kastanienglut der Töne nicht berühren, und nähte es auf die Papierhülle, die dadurch aber löchrig wurde, sodass das Dünne, Weiße leicht hätte entkommen können. Denn leicht kann Dünnes, Weißes entkommen, wenn es nicht sorgfältig bewahrt wird, sodass ich zusätzlich noch eine Mullbinde nahm, sie mit Gummi umklammerte und alles zusammen in ein Schächtelchen legte mit einem roten Deckel, der alles gut verschloss.

Eine Mullbinde, muss ich dazusagen, die vorher in Spindelfett getunkt worden war. Ich hatte roten Wermut beigemischt und dabei zugesehen, wie er sich allmählich darin verfing wie feine Härchen. Genauso zieht das Auge auch Buchstaben wie kleine Dummheiten in Betracht. Eine grüne Raupe kam langsam über meinen Arm bis zur Mitte, sonst ging aber alles leicht wie Versilbern in Silberwind. Die Mullbinde füllte das Schächtelchen. Ich legte einen roten Apfel darauf. Man bleibt in seiner Betrachtung immer zur Hälfte ein Schmetterling.

Was dann kam, war Abgestorbenheit links und rechts. Man kann Äpfel unter einen Birnbaum legen und die Wirklichkeit ändern. Vögel fliegen auf einmal rätselhaft. Im Umkehrschluss liegen Steine rätselhaft. Das Schächtelchen verlor an Gewicht. Stattdessen beschäftigte ich mich lieber mit meinem dreißigjährigen Leben, machte Fotos, hatte ein eigenes Fach, in das ich alles legte. Hineinzuschauen ist jedenfalls immer meine Aufgabe geblieben über die Jahre. Zwei-Drittel-Lösungen gehörten dazu. Eine Weile folgte der anderen.

Das Schächtelchen blieb das Schächtelchen. Wind kam von vorn und verschwand dementsprechend hinten. Erinnerung schaute die Wirklichkeit wie aus einem Rückspiegel an. Wirklichkeit fuhr auf die Erinnerung zu. Eine Astgabel wurde zur Erinnerung an eine Zwille. Erinnerung, war das nicht der Zwilling der Wirklichkeit? Zwischendinge kamen dazwischen wie Schlucken und Schluchzen. Im Hauptproblem hatte ich einen Beruf. Jedes Wort musste durch einen Schlauch. Ich musste mich bücken, weil der Boden entgegenkam.

Schlaf in deinen roten Beeren, Moosgrün, wie eine Flöte, die lange Töne spielt. Neben dem Schächtelchen lag nun eine Glocke, ich weiß nicht mehr seit wann. Ich hatte sie gefunden, ich weiß nicht mehr wo, und sie eingesteckt und mitgenommen und eines Tages neben das Schächtelchen gelegt, wo sie lange blieb, weil ich spaßeshalber auf dessen Deckel geschrieben hatte, die

Glocke dürfe nie angeschlagen werden. Habe ich schon erzählt, dass die Glocke nie angeschlagen wurde? Ich träumte von Mal zu Mal, sie gehöre einem Riesen beziehungsweise hinge vor dessen Schwelle, hinter der er auf Stützen schlafend das ganze untere Gewölbe eines Hauses bewohnte.

Gefürchtet habe ich mich vor dem Riesen nie, höchstens davor, dass einmal eine der zahlreichen Stützen brechen könnte, die seinen Schlaf hielten wie dünne Strophen, eine jede viel zu unzulänglich, um dem pathetischen Gewicht des Riesen standzuhalten. Ich bemerkte die Glocke stets erst am Ende des Traums, und am Ende des Traums war sie zu meinem kleinen Silberglöckchen geschrumpft, weil sie im Gegensatz zum Riesen jedes Mal von Neuem, aber jedes Mal eindeutig an Größe verlor.

Ich habe gesagt: spaßeshalber, sollte aber dazusagen, dass es der Spaß eines anderen war, der mich dazu bewogen hatte, die Anweisung auf den Deckel des Schächtelchens zu schreiben. Mein Bruder war nämlich zu Besuch. Er kommt jeden Tag um drei, und kaum war er da, hielt ich schon seine Hand fest wie einen Schraubstock, denn er hätte beinahe die Glocke angeschlagen. „Weißt du denn nicht, dass die Glocke nicht angeschlagen werden darf!", schrie ich ihn an. „Dann schreib es doch gefälligst auf die Schachtel drauf!", schrie er zurück und hielt mir seinen Strip-Kugelschreiber hin, in dessen Plastikhülle das weiße Kleidchen einer Blondine während des gesamten Zeigevorgangs ruckweise herabsank.

Immer begrüßt er mich mit diesem Strip-Kugelschreiber. Er malt damit ein kleines Grüß Gott in die Luft und sticht ihn dann gleich wieder hinter sein Ohr, genauso werden auch Wolken vom Blitz durchstochen. Hätte ich ihn gefragt, woher er ihn hatte, wäre er um eine Antwort sicher nicht verlegen gewesen, aber er wurde vergesslich. Er erinnert sich an nichts. Er hört auch fast nichts mehr. Er hat auch die Angewohnheit, alle Türen offen zu lassen. Selbst beim Schlafen lässt er alle Türen offen,

und einmal schrie er laut, er habe notgedrungen Türstopper auf-
stellen müssen, damit seine inzwischen adipöse Riesenstille, das
sage jetzt ich, Platz habe, sich wie ein Dirigent zwischen lauter
Noten im Haus frei herumbewegen zu können.

Mein Bruder ist zweifellos genauso wie ich einer, der die Nacht
kennt, das sage ich auch. Unter der Nacht liegt der Schlaf schließlich wie eine Matte über einem Untergrund. Es leuchten Dinge
im Lichtrausch der Sinne. Gerne reden wir dann über das, was
zum Beispiel Türen machen. Türen machen, was sie machen, gut.
Sie machen uns auf, sie machen uns zu. Wenn wir hinausschauen,
sehen wir spektakulär Sternenmaterial auf uns herunterleuch-
ten, das ist dann schon eine Bedeutung. Ein Sternbild entsteht
immer im Lesen der Ferne. Man mag es nicht recht glauben, aber
morgen sprechen wir wahrscheinlich schon ein paar Sprachen
mehr.

Als wir uns neulich gegenübersaßen, gossen wir Milch, bevor
wir sie tranken, mehrmals von einem Glas ins andere. Wir taten
das, um uns an die vielen Rutschbahnen zu erinnern, die wir
Nacht für Nacht befuhren. Denn Nacht für Nacht befuhren wir
Rutschbahnen, konnten uns aber weder an den Anfang noch den
Anlass entsinnen, von dem aus sie uns regelmäßig ins Morgenlicht zurückbeförderten. Jedes Mal vergaßen wir es von Neuem
und kamen uns dabei vor wie zwei Hirsche, die jahraus, jahrein
ihr altes Geweih auch immer wieder ins hinterste Gebüsch sozu-
sagen hineinkippen müssen.

Wir redeten aber immer seltener. Wir saßen uns gegenüber und
stützten die Stille, zwischen uns das Glöckchen. Habe ich schon
erzählt, dass ich es in einem eigens dafür geflochtenen Futteral
an die Decke hängte? Ich hatte es aus Wirtskraut gebunden,
denn aus Wirtskraut Gebundenes kann alle Angriffe abwehren.
Es hing an einem einzigen Strang. Das untere Ende des Wirts-
krautfadens tippte genau auf jene Stelle, wo der Apfel, inzwischen
mumifiziert, irgendwie in das Schächtelchen hineingesunken zu

sein schien. Wir betrachteten diesen Kontakt und hielten ihn aufrecht. Unruh macht das Leben nur schnell wie eine Uhr.

Gerade muss ich sagen, dass der Himmel blau ist wie eine Feder. Eine Feder schwebt, der Himmel schwebt, man kann das schon vergleichen. Ich bin heute ausgerüstet wie ein Sommerfreund. Mein Blick geht hinaus, und wenn er hinausgeht, genieße ich ihn mit meiner ganzen Wichtigkeit. Der Wein schmeckt mir gut. Er fällt in meinen Schlund und kommt nicht mehr hoch. Ich esse und werde schwer. Die Schwere zieht mich hinunter zur Erde. Die Erde mag mich schwer. Der Abend wird dabei eine kleine Zutat sein. Immer muss man von Neuem sorgfältig zusehen, dass man wie der Abend bewegungslos kommt und geht.

Früher schlief mein Bruder Wand an Wand mit mir. Wir hatten Klopfzeichen vereinbart, die uns in festgefügter Abfolge kompliziert den Weg in den Schlaf wiesen, jeden Abend, jeden Abend, wie kleine Buchstaben. Und wie kleine Buchstaben schlüpften sie in die Wand und waren bald Vokale, bald Konsonanten, aus denen Bedeutung herausspritzte wie aus einer Vibration. Da war sie dann aber auch schon gleich wieder verschwunden und verfing sich in den Reusen der *Us* und *Gs*, den Angeln der krummen *Js* und den Widerhaken knorriger, biestiger *Zs*, die wir in die Wand klopften, bis wir schließlich gleichzeitig wie gute Brüder eingeschlafen waren. Und nachdem wir eingeschlafen waren, bewegte sich unser Geist auch schon gemeinsam hinein in unser Argentinien.

Das weiß er natürlich alles nicht mehr, ich werde darauf aber kein Versprechen geben können. Mein Bruder schaut immer wie ein Kalb über eine Hügelkuppe und freut sich über den Vordergrund mehr als über den Hintergrund. Er möchte sich unabdingbar machen, bleibt aber stets dem Bodengitter verhaftet. Mein Seil gehört ihm. Er beißt beim Schlucken immer mit seinen ganzen Zähnen zu. Das eine Auge schaut sorgenvoller heraus als das andere, das andere hinfälliger hinein als das eine, das ist aber wahrscheinlich alles gelogen. Wahrscheinlich ist alles gelogen. Bestimmt weiß man morgen mehr. Dann weiß man nichts, dann weiß man was, dann läutet man die Glocken. Dann schüttelt man die Socken trocken.

Hörten die Klopfzeichen auf, senkte sich jedenfalls augenblicklich unsere berühmte argentinische Stille herab. „Kannst du dich nicht wenigstens noch an unsere berühmte argentinische Stille erinnern?", fragte ich meinen Bruder einmal herausfordernd, der auf der Stelle seinen Strip-Kugelschreiber hervorzog. „Das ist doch wie beim Vogelfang!", schrie er mich an und ich sah das weiße Kleidchen ruckweise sinken. „Wer einen Vogel fängt, muss seinen Busch öffnen! Er muss seinen Baum öffnen! Er muss seine ganze Landschaft öffnen! Danach muss er die Vogellandschaft im ganzen Kopf öffnen! Nimm den Vogel endlich da raus und trenn ihn vom Gesang!"

Seltsame Hitze begeistert die Felder. Blumen verlieren ihre Farbe. Ich verstecke mich vor der Sonne im Boden und will eine Wurzel sein. Ich will eine gehörige Portion Lohn von dort und bringe mir Steinchen mit. Ich stelle gleich fest, dass es stumme Steinchen sind. Ich lege die stummen Steinchen alle um mein Schächtelchen herum. Alles ist weggepuffert. Unter der Wacht der stillen Glocke gibt es nirgends eine Lücke in der Lautstärke. Vorsichtig komme ich zurück in die Sonne und sehe wie eine Schnecke aus. Der Wind dreht und ich sehe wie ein Stein aus.

Sohlen ausziehen, Gras zwischen die Zehen wachsen lassen, dem Himmel entgegenleben. Da weiß man gleich, dass der Schall eine rollende Kugel ist. Dass er ein Gespinst aus Unruhe ist. Dass er lebt, wer soll das nicht glauben? Ich möchte mit dem Gras befreundet sein, wir sind uns grün. Wir sind auf die gleiche Weise gekämmt und fürchten uns ein bisschen vor dem Mähvorgang. Es ist doch so, dass nur leichtfüßig wird, wer sich an die Brust fasst. Wer sich an die Brust fasst, schaut in die Landschaft wie ein Mensch von hinten. Ich schiebe mir Erde unter den Rücken, damit ich so groß bin wie ein Hase. Ich bin warm. Ich bin ein Hügel.

Habe ich schon erzählt, dass jetzt Zweige auf dem Schächtelchen liegen? Habichtszweige samt einem Haufen Kehricht. Der Sturm hat alles hereingeweht, ich müsste eigentlich sagen, er knallte es mir vor die Füße. Er biss es irgendwo ab und spuckte es durch die Tür. Da kamen Eicheln und Lärchennadeln mit, Buchenlaub, Mottenspritzmittel. Ein ganzes Gebüsch hing auf einmal da, und ich hängte noch einen halben Strauch dazu. An den halben Strauch hängte ich einen Ast, an den Ast einen Zweig und an den Zweig mein kleines altes Radio. Ich habe es mit einem ordentlichen Zettelchen versehen, auf dem jetzt geschrieben steht: Du sollst dieses Radio nicht andrehen! Ich stützte es mit einer kräftigen Zwille von unten ab.

Außerdem stützte ich das Gebüsch ab. Ich stützte den halben Strauch halbwegs ab. Von draußen holte ich Stöcke und stützte die ganze Wand ab, man muss Vorsorge treffen. Bäume verlieren im Wind schließlich auch alle ihre Blätter und gehen aus dem Leim. Sobald man ausholt, spürt man den Wind ja von hinten schon kommen. Ich habe auch das Schächtelchen abgestützt, es hat einen richtigen Stützzaun bekommen. Es ist schon so, dass ein Stützzaun ein Schächtelchen gleich zum Tabernakel macht. Das Wort Tabernakel mag ich eigentlich recht gerne. Mein Bruder mag es nicht so gerne, er zeigt mir immer mit seinem Strip-Kugelschreiber, wo es sich seiner Meinung nach befindet. Die näheren Umstände gehören aber schon nicht mehr hierher.

Geräusche werden nämlich jetzt woanders gemacht. In der Biene sitzt ein Ton und sie fliegt mit ihm davon. Inzwischen bin ich nicht mehr zu Hause, wenn er kommt. Am liebsten verschweige ich ihm das. Ich verschweige ihm also um drei, dass ich nicht mehr zu Hause bin. Ich hole meine Schuhe unter der Schuhbank heraus, ziehe meine Windjacke über und hänge ein rotes Schutzband in den Flur: Ich bin nicht zu Hause um drei

Uhr. Wenn er kommt, wird er seine Augen nach oben drehen und anfangen zu klopfen. Wahrscheinlich wird er auch gleich rufen. Wahrscheinlich wird er klopfen und rufen. Wer sein Auge nach oben dreht, ist entweder tot oder angefressen. Jedenfalls weiß ich, dass er drei Stunden später immer noch klopft, weil er vergessen hat, schon drei Stunden lang geklopft zu haben.

Kommt dann die Nacht, kehrt er sinnend heim. Mein Bruder bräuchte dringend einen Stock, er stützt sich lediglich auf seine Erinnerungen, von denen er kaum mehr welche hat. Er öffnet die offene Tür, öffnet seine Lungenflügel weit, stellt sich irgendwo in die Mitte eines Zimmers und wartet, dass die Müdigkeit kommt. Wenn die Müdigkeit kommt, hält er seinen Strip-Kugelschreiber zum letzten Mal am Tag hoch, fängt an, ihn langsam zu drehen, und seltsam erfolgreich wie ein Vibrationskünstler dirigiert er sich in den Schlaf.

Das ist auch schon das ganze Geheimnis unserer berühmten argentinischen Stille gewesen. Manchmal gibt es nachts noch ein Geräusch von der Finsternis selbst dazu, dann stülpt sich ein Flügel heraus und wird ein alter Knochen. Er beginnt bei meiner Seele und fliegt mir aus der Schulter. Ich sammle ihn genauso ein wie die anderen Dinge auch, die ich um mein Haus herum verteile. Häuflein weißer Asche, marmorweiße Möwenfedern, Eiskiesel, Schneebeeren, die ich alle in Moos bette. Sie breiten sich in meinen Schlaf hinein und der Schlaf drückt sie nach außen. Ich habe einen ausdrücklichen Schlaf. Wenn ich sie in die Moosmulden lege, mache ich ein Gesicht wie ein Pelz.

Es gibt auch noch ein paar Holzkistchen, voll mit weißem Allzweckmaterial, Garn et cetera, Fingernägel, so fein wie die Eidechslein-Eier, von denen auch zwei dabei sind, kleiner als jede Münze, die man kennt. Die erste Münze, die ich fand, war übrigens grün und lebendig wie ein Fuchs. Ich habe auch viele Weißbrotkrümelchen gesammelt. Wenn ich in meine Hände sehe, sehe ich Freude in meinen Händen drin. Neulich las ich in der

Zeitung, es gebe Pflanzen, die Tiere nachahmten, sie lockten mit Klickgeräuschen zirpende Insekten an. Wie können wir das nicht hören? Grüne Zungen rollen sich zu knisternden Vokalen ein, ist das nicht erstaunlich? Erstaunlich ist aber doch genauso das Sammeln weißer Ameisenflügel in einer Tonne zum späteren Gebrauch.

Laudatio auf den 2. Siegertext

Heiß ist dieser Sommer in Europa. Die Hitze bestimmt den Lebensrhythmus, lässt uns schwitzen und trinken, und bei Temperaturen weit jenseits der 30 Grad werden wir träge, jedenfalls wenn wir ohne Pflichten sind. Die Protagonisten in Philipp Cyprians Kurzerzählung „Kernschmelze" spiegeln das, was wir erleben. Sie fügen sich den lähmend heißen Umständen. Sie verbringen den glühenden Tag in ihrer winzigen Einzimmerwohnung in einer nicht näher bezeichneten Stadt. Äußerlich geschieht kaum Bemerkenswertes, die wenigen Ereignisse ließen sich als banal bezeichnen. Doch Philipp Cyprian gelingt es, einen erzählerischen Aggregatzustand herzustellen, der die Komplexität menschlicher Haltungen und Reaktionen literarisch bannt und beobachtbar macht.

Philipp Cyprian wurde 1997 geboren und wuchs in der Nähe von Sigmaringen auf. Nach dem Abitur arbeitete er ein Jahr in einer Sozialeinrichtung im Großraum London. Zurück in Deutschland begann er ein Soziologiestudium. Schon bald geriet er in Kontakt mit jungen Leuten im Dunstkreis des Bremer Literaturkontors. Beim Abwägen, ob ihn das wissenschaftliche oder das literarische Denken weiterbrächte, entschied er sich für letzteres. Bevor er den Schritt machte und seine Bewerbungsunterlagen beim Literaturinstitut der Universität Hildesheim einreichte, verbrachte er ein Jahr in Kanada. Seit 2020 studiert Cyprian in Hildesheim Literarisches Schreiben und Lektorieren. Seit gut anderthalb Jahren veröffentlicht er Texte in Zeitschriften und Anthologien.

Otto und K. leben zusammen, sind ein Paar. Während Otto einem entspannten Teilzeitjob nachgeht, der den Lebensunterhalt beider sichert, arbeitet K. gelegentlich im Straßenverkauf. Sie führen eine genügsame Existenz. Die Leidenschaft des Studenten K. ist das Lesen geisteswissenschaftlicher Kanonliteratur, außerdem neigt er zu reflektierender Betrachtung der Dinge. Das bringt auf den Gedanken, in K. einem Wiedergänger des Brechtschen Herrn Keuner zu begegnen.

Wie ein zäher Strom fließt der heiße Sommertag in „Kernschmelze" vom Morgen bis zum Abend dahin, getaktet durch die vorbeifahrende Straßenbahn, unterbrochen von kurzem zwischenmenschlichem Aufruhr und einer technischen Störung. Bemerkenswert an Cyprians Schreiben ist, wie es ihm anscheinend mühelos gelingt, lähmende Langsamkeit stilistisch umzusetzen. Es heißt „Bei einer solchen Hitze bleibt einem nichts anders übrig, als dazuliegen (oder zu sitzen, wenn man das lieber mag) und sich an früher zu erinnern." Die Erzählung zeigt, wie der Mensch in sengender Hitze die äußere Bewegung völlig reduziert, innerlich aber reagiert. Wo im Text Erinnerungen greifbar werden, entstehen ruhige Bildszenen, auf welche die Protagonisten unbeteiligt zurückblicken.

„Kernschmelze" ist in 13 unterschiedlich lange Passagen gegliedert, die kürzesten von ihnen bestehen aus einem Satz, die längsten umfassen eine gute halbe Seite. Zählung und Leerzeilen schaffen einen Hiatus, gebieten ein Innehalten im Lesefluss, ermöglichen quasi, sich in der brütenden Atmosphäre des Textes auszuruhen. Dem strukturellen Verfahren entspricht die Variabilität der Inhalte. Mal zoomt die Erzählung auf das Zimmer, auf das Alltagshandeln der Protagonisten, auf ihre Abhängigkeit voneinander, dazu kommen Beobachtungen jenseits des Settings, Erinnerungen, Gedankensplitter. So sind die unheimliche Enge des überhitzten Raums und die Welt draußen, Begrenztheit und Weite, zugleich präsent. „Kernschmelze" spielt mit dem Moment der Überhitzung im Nucleus, die zu existenziell gefährlichen Reaktionen führen kann.

Cyprians Erzählung knüpft dezent und doch fundamental an das Thema des Schwäbischen Literaturpreises 2022 „Lost Places" an. Inwiefern K.s Vermutung zutrifft, Erinnerungen dienten nicht der Wiederbelebung von Vergangenem, sondern der Inspiration für die Gegenwart, bleibt offen und damit der Beurteilung durch die Leserin und den Leser anheimgestellt.

Sylvia Heudecker

Kernschmelze

Philipp Cyprian

I

Der Wetterbericht kündigte den heißesten Tag des Jahres an – fünfundzwanzig Grad am Morgen, bis zu sechsunddreißig am Mittag, sobald sich die Sonne durch die Wolkendecke gebrannt hatte. Die Nacht sollte sternenklar werden.

II

Im Zimmer gab es kein Radio, also bekamen Otto und K. den Wetterbericht überhaupt nicht mit.

Der Jüngere von beiden, K., studierte Soziologie an der Uni direkt um die Ecke, war aber kaum dort. Stattdessen lag er den ganzen Tag lang unter dem Fenster (dem einzigen schattigen Fleck im Zimmer) und verschlang geisteswissenschaftliche Klassiker. Manchmal legte er eine Pause ein und las ein oder zwei Kapitel aus einem Detektivroman. K. arbeitete als Aushilfe in einem Foodtruck, der Waffeln verkaufte, doch da bei dieser Hitze niemand Lust auf teigige Fettbomben hatte, konnte er auch in dieser Zeit in Ruhe lesen.

Der Teig gelingt bei dieser Hitze nicht so gut, sagte er einmal zu Otto. Keine Ahnung woran das liegt. Vielleicht kochen die Eier in der Luft ja schon vor.

III

Otto war derjenige, der die beiden über Wasser hielt.

Er hatte eine Teilzeitstelle als Nachtwächter eines verlassenen Fabrikgebäudes am Rand der Stadt. In der Fabrik waren früher Kaugummis hergestellt worden, doch die Maschinen lagen seit Jahren still und die Stadt wartete darauf, dass endlich jemand genug Geld in die Hand nahm und etwas Neues auf dem verwahrlosten Gelände entstehen ließ. Immer mal wieder hatte es Gespräche gegeben, Gerüchte um einen Freizeitpark oder eine Rennstrecke kamen auf, doch bisher war nie etwas passiert. Bis es soweit war, musste dafür gesorgt werden, dass Jugendliche und Obdachlose das Gelände nicht für sich beanspruchten.

Wenn Otto jemanden während seiner Rundgänge auf dem Gelände sah, nickte er und lief weiter. Glücklicherweise war bisher noch nie jemand auf die Idee gekommen, seine Bezahlung davon abhängig zu machen, wie viele Menschen er pro Nacht vom Gelände zurück auf die Straße schleifte.

IV

Hin und wieder fand Otto auf dem Gelände ein Stück Silberpapier. Etwas glitzerte ihm dann entgegen, wenn er den Lichtkegel der Taschenlampe durch das taufeuchte Gras gleiten ließ, auf der Suche nach nichts. Er ging in die Knie und betrachtete den silbrigen Streifen. Er fragte sich: Hatten die Fabrikarbeiter in ihren Pausen die Kaugummis gekaut, die sie die ganze Schicht lang hergestellt hatten, und das silberne Papier einfach fallengelassen? Otto kratzte sich mit dem linken Arm den rechten und ging weiter.

V

Die Hitze sorgte für ein Dilemma, denn K. und Otto konnten sich nicht entscheiden, ob sie sich im Arm halten oder so viel Abstand zwischen ihren Körpern wie möglich lassen sollten.

Innerlich konnten es beide gut gebrauchen, vom jeweils anderen gehalten zu werden, äußerlich war das Bedürfnis groß, den Kühlschrank zu öffnen und sich davor auf den Boden zu setzen. K. hatte das mal gemacht, doch der imaginäre Stromzähler in seinem Kopf raste währenddessen in atemberaubender Geschwindigkeit in die Höhe, also ließ er es irgendwann bleiben.

VI

Bei einer solchen Hitze bleibt einem nichts anderes übrig, als dazuliegen (oder zu sitzen, wenn man das lieber mag) und sich an früher zu erinnern.

VII

Auf Japanisch bedeutet dasselbe Wort sowohl „über die Schulter schauen" als auch „in Erinnerungen schwelgen".

VIII

Es war einer von Ottos freien Tagen.
Der Ventilator lief bereits auf Hochtouren und pflügte durch die angedickte Luft im Zimmer. Es passte nicht viel mehr als ein Doppelbett, ein Schreibtisch von der Größe eines Schachbretts, eine Stehlampe, zwei Menschen und ein Ventilator hinein. Hinter der Tür war ein Waschbecken installiert. Ihre Klamotten lagerten die beiden in blauen Ikea-Taschen unter dem Bett.
Alle sieben Minuten ratterte die Straßenbahn Nummer 6 direkt am Fenster vorbei, mit gesetzlich vorgeschriebener verringerter Geschwindigkeit, um die Lautstärkebelastung in den Wohnungen neben den Gleisen so gering wie möglich zu halten. Natürlich brachte das rein gar nichts. Die ersten paar Nächte in der Wohnung waren schrecklich gewesen, doch mit der Zeit hatten

sich die beiden an das Schlagen der Räder auf den Gleisen gewöhnt.

Eine 6 fuhr am Fenster vorbei. K. setzte sich auf. Als er einen Blick in die vorbeifahrende Bahn warf, guckte ihm jemand gedankenverloren direkt ins Gesicht, die Stirn an das Fenster gedrückt. Die Person und K. waren nur ein paar Meter und zwei Schichten Glas voneinander entfernt.

So verging die Zeit, in Abschnitten von sieben Minuten.

IX

Sex mit möglichst wenig Körperkontakt zu haben, ist eine ziemlich knifflige Angelegenheit. Es ist ein bisschen wie Wasserrutschen. Je mehr Berührungspunkte der Körper hat, desto schlechter kommt er voran.

Sex mit möglichst wenig Körperkontakt ist also sehr mundlastig, so hat man nur diesen einen Berührungspunkt. Ansonsten kann man die Gliedmaßen von sich strecken, als würden sie einem nicht gehören, und alle Beteiligten sind glücklich.

Du riechst nach Waffelfett, sagte Otto, nachdem sie fertig waren. Er klatschte sich am Waschbecken etwas Wasser ins Gesicht und legte sich zurück auf das durchgeschwitzte Laken.

K. lag bereits wieder im Schatten unter dem Fenster und las irgendeinen Griechen. An der Stelle unter dem Fenster war die Blumentapete abgewetzt und hatte ihre Farbe verloren. Gerade fuhr eine 6 in Richtung Innenstadt vorbei. Und du nach Kaugummi, sagte er.

X

Es gibt da diese Zeichnung von Hieronymus Bosch - *Fastnachtsszene mit Waffelbacken*. Eine große Menschengruppe drängt sich um das Feuer in der Mitte eines Raumes, über dem von einer alten Frau Waffeln gebacken werden. Es ist merkwürdig, aber wenn man den Menschen um das Feuer länger ins Gesicht schaut, hat man irgendwann das Gefühl, dass sie der alten Frau am liebsten den Kopf abreißen würden, um so schnell wie möglich an eine Waffel zu kommen.

XI

Es war zwei Uhr und so heiß wie nie.

Beide lagen da und erinnerten sich an früher.

In ihren Lidfalten hatte sich Schweiß gesammelt.

Sie erinnerten sich, ohne etwas zu sagen.

K. dachte daran, wie er ein Wochenende lang in unzähligen Kisten voller Legosteine nach einem fehlenden Teil für eine Ritterburg gesucht hatte (ob er es am Ende gefunden hatte oder nicht, wusste er nicht mehr). Otto dachte an den Tag, an dem die beiden in die Wohnung an den Bahngleisen gezogen waren. Das Zimmer war möbliert; als sie das Bett in eine andere Ecke schoben, kam eine Spielzeugpistole darunter zum Vorschein. Sie war täuschend echt, erst ihr Gewicht verriet sie. Die Pistole lag eine Weile auf dem Waschbecken, irgendwann warf K. sie aus dem Fenster, auf die Gleise. Das war ebenfalls im Sommer gewesen.

Weißt du, was ich glaube, Otto?

Otto sagte nichts.

Ich glaube, dass Erinnerungen nicht dafür da sind, die Vergangenheit wiederzubeleben, sondern dafür, herauszufinden, was sie mit heute zu tun haben.

Otto dachte darüber nach und versuchte währenddessen, mit seinen Zehenspitzen die Zimmerdecke zu berühren. Ich hab jedenfalls Hunger. Du?, sagte er nach einer Weile.

Ich könnte was vertragen, antwortete K., und die beiden spielten Schere-Stein-Papier darum, wer zwei Portionen Pommes holen gehen musste.

Gegen fünf gab es an der Haltestelle in der Nähe eine Signal-
störung, sodass es auf der gesamten Strecke zu Verspätungen
kam. Für diese gut eineinhalb Stunden geriet die Zeit ein wenig
aus den Fugen. Kurz dachten die beiden, sie wäre ganz stehen-
geblieben. K. spritzte zur Sicherheit etwas Wasser an die Tapete,
und als die feuchten Stellen immer heller wurden und irgendwann komplett verschwunden waren, atmeten beide beruhigt
auf.

Man sollte wohl sowieso nie auf solche Dinge vertrauen wie den
Takt der Straßenbahn Nummer 6. Genau wie auf den Wetterbericht – denn abends fing es an, wie aus Eimern zu gießen. Doch
da die beiden den Wetterbericht nicht gehört hatten, über-
raschte sie das nicht.

Sie holten sich je ein Bier aus dem Kühlschrank, stellten zwei
Klappstühle vor das geöffnete Fenster und hörten dem Regen
beim Fallen zu.

Laudatio auf den 3. Siegertext

Unter den Beiträgerinnen und Beiträgern zum Wettbewerb um den Schwäbischen Literaturpreis gibt es Einmalige und Serielle. Es gibt solche, die nach dem ersten Mal der Aufnahme ihres Textes ins Buch – verbunden mit einem Preis oder auch nicht – das Thema zufrieden abzuhaken scheinen. Es gibt auch solche, die nach einem ersten Erfolg wieder und wieder teilnehmen, vielleicht in der Hoffnung, nun endlich einen Preis zuerkannt zu bekommen. Und es gibt Michael Lichtwarck-Aschoff, der 2012 mit „Der Abschreiber" ins Buch kam, dito 2014 mit „Das unangemessene Speckhemd", 2015 für „Die Hände des Onkels" den ersten Preis erhielt, 2016 den zweiten Preis für „Fragen wenigstens, das hätte ich doch können", 2019 ins Buch kam mit „Harte Jahre, schmale Ringe". In diesem Jahr erhält er den dritten Preis für „Und die Ringe haben geschwiegen".

Wer jetzt leise Zweifel anmeldet, ob die Jury wirklich mit anonym eingereichten Texten arbeitet, nur ihrem je individuellen Qualitätsurteil verpflichtet, über das intensiv diskutiert, wenn nicht gestritten wird – der ist vielleicht schwer zu überzeugen, aber er oder sie läge falsch.

Michael Lichtwarck-Aschoff schreibt wohl als eine Art Ausgleichssport für seine auch nach Überwindung der Altersgrenze fortgesetzte medizinische Lehrtätigkeit. Er hat einen eigenen Stil und ein bevorzugtes Gebiet. Sein Stil ist sehr nah an mündlicher Redeweise, dabei konzis und farbig. Sein Thema ist sehr häufig eine Fragestellung, die sich Wissenschaftlern nicht stellt, sondern einem eher Ungebildeten, und die zu klären sich dann Wissenschaftler schwertun. Es geht jeweils um Fachliches und aber auch sehr konkret um die menschliche Gesellschaft in ihren besonderen Ungerechtigkeiten und Grausamkeiten. (Auch übrigens in den ebenso lesenswerten Romanen dieses Autors.)

Der Text „Und die Ringe haben geschwiegen", ich möchte ihn eine Novelle nennen, spielt in Südamerika in einer Zeit der Gewaltherrschaft. Diskutiert wird über Baumringe und was sich eventuell in ihnen ablagern kann. In einem Satz, in einer Frage, ist das zusammengefasst: „Du denkst, fragte ich, wenn Zedern auf blutigem Boden wachsen, speichern sie Eisen in den Jahresringen?" Die Jahresringe sind ein Dokument, eine Art Lebenslauf des Baumes, oder in den Worten von Homér Retamal, dem Helden der Geschichte: „Ein Baum kann den schlechten Tagen nicht davonlaufen." Da entsteht demnach ein besonderes Bild der Jahre, das man allerdings lesen können müsste. Mit dem Holz seiner Zedern kennt sich Homér aus, nicht nur weil er daraus Stäbe für Parkettböden macht, sondern auch als Geiger. So oder so, er will das Holz zum Klingen bringen.

Man spitzt beim Lesen unwillkürlich die Ohren, man wird hellhörig und durchaus nachdenklich. Das ist nicht die schlechteste Wirkung guter Literatur.

Michael Friedrichs

P.S.: In der Jurysitzung kam die Frage auf, warum der Verfasser „Homér" mit Akzent schreibt, und nach Bekanntgabe des Autorennamens habe ich die Frage an ihn weitergeleitet. Er hat geantwortet, „dass ich 1. den naheliegenden Homer etwas wegrücken wollte, 2. bei dieser Gelegenheit einen dezenten Hinweis darauf geben, dass auch Chile ein Einwanderungsland ist und es dort – wie ich mich anhand einer Telefonliste von Valparaiso überzeugt habe – einige Homérs gibt, deren Vorfahren vermutlich oder möglicherweise aus der Tschechoslowakei eingewandert waren, für die dieser Akzent offenbar der Normalfall ist."

Und die Ringe haben geschwiegen

Michael Lichtwarck-Aschoff

Ein Wind geht, klein und leer. Kommt vom Hafen herauf, geht um die Gräber des *Friedhofs der Dissidenten*, bewegt probeweise ein paar Blätter, fällt dann wieder hinunter zu den Netzen, den Kränen, den eisernen und hölzernen Schiffen, dorthin, wo auch die Weiße Dame liegt.

Die Trauergäste haben einen abgehauenen Zedernzweig auf die frische Erde gelegt, danach sind sie in die Kneipe zum Nachbarhügel. Alte Männer, die den Aufzug genommen haben, um auf den Hügel zu kommen, immer ein paar zusammen, in diesen vergitterten Eisenkisten. Dort sitzen sie nun und schauen dem Wind nach und auf die Schiffe.

Ich bin wieder zu spät, andauernd passiert mir das. Ins Erdreich am Kopfende des Grabes hat jemand ein rohes Brett getrieben. *Homér Retamal* steht darauf und das Datum von heute. Als wäre mein Onkel Homér gerade heute, an diesem völlig gleichgültigen Tag, gestorben, und an sein Geburtsdatum hätte sich eh niemand erinnert.

Ein paar Worte möchte ich noch mit ihm reden, aber plötzlich fällt mir sein Gesicht nicht mehr ein, nur die Klumphand. Dabei habe ich als Kind Jahre bei ihm gelebt. Ich sollte auf eine höhere Schule, in unserer kleinen Ortschaft gab es keine, deswegen schickten sie mich zu Onkel Homér in die Vorstadt.

Damals waren beide Hände noch unversehrt.

Wie Steine hocken die Freunde, die ihn überlebt haben, auf dem Nachbarhügel. Sie rücken für mich nicht zur Seite, ist ja Platz genug.

Früher saßen sie in Onkel Homérs Werkstatt. Gesprochen haben sie nie, jedenfalls erinnere ich mich nicht daran. Ich stellte mir vor, dass man ihnen die Zungen herausgeschnitten hatte, so etwas werde gemacht, das hatte ich einmal aus einer Bemerkung von Marta herausgehört. Dieselben schwarzen Anzüge, der Stoff über Knien und Ellbogen durchgescheuert, zwischen den Fäden sehe ich alte, weiße Haut. Dieselben Hüte und gelben Wollwesten bis zum

Hals zugeknöpft. Nur Onkel Homér redete, er redete über das Holz, und dass es zum Singen gebracht werden muss, *Canta*, zum Singen. Singholz. Klangholz. Schmerzholz.

Als er mit der Klumphand zurückkam, redete er an der Stelle weiter, an der er zuvor hatte aufhören müssen, nur streichelte er jetzt pausenlos die glatten Bretter, als könnte diese Berührung den Klumpen Fleisch in seine gute Hand zurückverwandeln.

Hier unterbrach Ruben Retamal seinen Bericht, vielleicht war es nur, weil er beim Eingießen nichts auf meiner Schreibtischplatte verschütten wollte. Eigentlich hätte Ruben mir schon längst Rechenschaft darüber abgeben sollen, wie es mit seiner Examensarbeit voranging.

Er hatte sich ein abgelegenes Thema ausgesucht. Mein Institut beschäftigt sich mit Baumringdatierung, der Dendrochronologie. Sie werden wissen, dass die Jahresringe der Bäume unterschiedlich breit sind, harte Jahre machen schmale Ringe, gute Jahre breite, und daraus kann man … aber Sie sind nicht zum Unterricht in Baumringdatierung hier. Ruben Retamal wollte mit seiner Examensarbeit herausfinden, ob es Bäume gibt, die in ihren Ringen Eisen speichern. Eisen in Baumringen? Was ihn darauf gebracht hatte, wusste ich nicht.

Er saß vor meinem Schreibtisch, goss sich Wasser ein und wollte mir erklären, warum er seinen Zwischenbericht nicht, wie besprochen, zwei Wochen früher abgeliefert hatte, stattdessen weggefahren war zum Begräbnis seines Onkels, ohne sich abzumelden. Ich wusste, dass der Onkel bisher Rubens Studium finanziert hatte.

Was hat Herr Homér Retamal denn beruflich gemacht?

Ruben sah mich an, als hätte ich eine Frage gestellt, über die er selbst noch gar nicht nachgedacht hatte.

Ja, was hat er gemacht. Vom Gemüt her war Onkel Homér wohl am ehesten Geiger. Nicht die klassische, sondern die Hochzeitsgeige, notfalls auch die Grabgeige, in den Vorstädten kannten ihn alle und holten ihn zu den Festen. Waren es Mapuche-Hochzeiten, nahm er Andér mit, der spielte die *pifulka*, die zweitönige Pfeife aus Stein. Und immer war Marta dabei, sie muss Homérs Frau gewesen sein, sie hatte Augen aus Obsidian und sie sang zu Homérs Geige.

Aber jetzt, wo Sie mich fragen: Eigentlich kann Homér kein Geiger gewesen sein, wann hätte er es lernen sollen und von wem. Er betrieb die Gattersäge seines Vaters und Großvaters und verkaufte die Bretter, wenn sie abgelegen und trocken genug waren. Das muss als sein Hauptberuf angesehen werden.

Zur Säge gehörte eine Werkstatt, in der sich beinah jeden Tag seine Freunde versammelt hatten, die heute als seine Trauergäste auf dem Hügel dort oben saßen. Andér, der Steinflötenspieler, war dabei gewesen, und Marta hatte ihnen damals Kaffee gekocht. Sie hatten getrunken, ohne ihr zu danken.

Gleichmäßig gewachsene Zedernholzbretter schnitt Homér in Stücke, die er *Stäbe* nannte, für Parkettböden. Unter den reichen Schiffsbesitzern der Stadt muss er Kundschaft gehabt haben, letztlich lebten wir wahrscheinlich von diesen Aufträgen.

Während seine Hände arbeiteten, sprach er vom Holz. Davon, wie er es anstellte, dass beim Parkettlegen kein Stab weggeworfen werden musste, auch noch die krummste Fläche bedeckte er ohne Holzabfall. *Das Parkettierungsproblem lösen* nannte er das, er konnte manchmal etwas feierlich sein. Am liebsten redete er vom Gedächtnis des Holzes, von dem er behauptete, es arbeite völlig anders als unseres.

Ein Baum kann den schlechten Tagen nicht davonlaufen, sagte er, sein Leben lang ist so ein Baum zum Erinnern verurteilt, weil er kann nicht weg und woanders neu anfangen wie unsereiner. Wir, meine Freunde, wir sind viel zu geschickt im Vergessen, das Holz ist darin ganz ungeschickt. Es kann sich nicht aussuchen, was es in seinen Jahresringen aufbewahren will. Holz urteilt nicht und es hat keinen Trost. Es hebt einfach nur den Augenblick in seinen Jahresringen auf, diesen Augenblick jetzt und dann den nächsten und danach den übernächsten, ungerührt und präzise, so wie sie daherkommen. Dabei übertreibt es nicht. Ein Erdbeben ist ein Zittern im Jahresring, kaum, dass man es erkennt. Aber, Kameraden, was für ein Trost, dabei hielt Onkel Homér einen Parkettstab hoch, dass es am Ende eben doch eine Instanz gibt, die die Verbrechen von uns Menschen genauso wenig vergibt, wie sie unsere Verdienste vergisst. Allerdings – ungefragt gibt das Holz sein Gedächtnis nicht her. Mit Säge, Hobel und Beitel muss ich es herausholen, die Bretter zum Erzählen bringen, sie schnitzen, schmirgeln, leimen, fügen, so lange, bis das Holz seine Stimme findet. Dann soll es singen, als Geige soll es singen, als Vihuela, meinetwegen auch als Parkett unter Stiefeln und nackten Füßen. Canta. Erst jetzt sagen die Ringe, woran sie sich erinnern, ohne Rücksicht und so, wie es war.

In seiner Werkstatt stapelte er Bretter zum Trocknen, ich baute mir Burgen daraus. Meistens stellte sich am nächsten Tag heraus, es waren genau die Bretter, die Onkel Homér gerade brauchte. Dann baute ich eine neue Burg.

Vielleicht hat das, was Onkel Homér über das Gedächtnis der Bäume sagte, mich zur Dendrochronologie gebracht. Das und die Masern. In der Zeit beim Onkel bekam ich nämlich Masern. Damals war das kostenlose Impfen gerade wieder eingestellt worden, weil doch jeder für sich selbst verantwortlich ist, wer die Impfung wollte, musste dafür zahlen. Sie haben mir gesagt, dass ich lange krank lag, im Koma, eine Hirnhautentzündung, Homér glaubte, ich würde es nicht schaffen. Die Masern haben mich erinnerungslos gemacht, erinnerungsschwach auf jeden Fall. Meine Kindjahre sind wie Fetzen von Träumen, wenn ich sie zusammensetzen will, treiben sie mit der Weißen Dame davon. Einer wie ich begreift, wie wichtig es ist, dass alles irgendwo registriert und aufgehoben ist, alles.

Marta sitzt an meinem Krankenbett, sie singt, und meine Haut glüht.

In den Vorstädten spielt Homér ein bisschen hurtiger als Marta singt. Hat ein Hochzeitslied viele Strophen, dann ist er takteweis voraus und hat vor ihr ausgespielt. Sie muss die letzte und manchmal die vorletzte Strophe ohne seine Geige singen. Die hatte Homér da schon zur Seite gelegt, er klatschte Marta zu wie alle anderen Gäste. Zuhause klatschte er nie. Wie er das Geigenholz zum Singen brachte, das beschäftigte ihn.

Als er mit der Klumphand zurückkam, versuchte er es noch eine Weile auf den Mapuche-Hochzeiten, aber er riss die Töne zu langsam. Bald luden sie ihn nur zu Begräbnissen ein, da fiel es weniger auf. Und Marta war ja auch nicht mehr dabei, es war nicht dasselbe.

Lange vorher, ich müsste die Monate und Jahre einmal ernsthaft ausrechnen, jedenfalls war es ein Tag im September, da war der Herr in die Werkstatt gekommen. Beim Eintreten setzte sich das Sägemehl auf seine Lackschuhe, es irritierte ihn.

Ob Meister Homér sich vorstellen könne, ein edles Parkett auf der Weißen Dame zu … verlegen, es heiße doch so: verlegen?

Heißt so, sagte Onkel Homér.

Die Kosten spielen keine Rolle, um das zu klarzustellen war der Herr extra von den Hügeln heruntergestiegen. Nur die besten Stäbe bitte, am Material wird nicht gespart, der Abfall wird dazugerechnet und bezahlt, kein Parkettierungsproblem also, lächelte er, das sei, nicht wahr, doch der Fachbegriff des Meisters.

Das ist der Fachbegriff, sagte Onkel Homér.

Der General will den Gästen der Weißen Dame ein Erlebnis anbieten, die meisten wissen gar nicht, wie wichtig das Parkett dabei ist, die Lackierung, die Maserung, wofür man sie allerdings aus der Nähe anschauen muss. Zu oft tragen wir die Nase hoch über dem Parkett.

Der General besaß dieses riesige stolze Schiff, die Weiße Dame. Jeder in den Vorstädten wusste das. Genauso wie jeder wusste, dass der General soeben Minister in der Hauptstadt geworden war.

Ich habe nicht genug trockenes Holz gestapelt, sagte Onkel Homér. Zedernholz braucht fünfzehn Jahre zum Trocknen, und wenn es um Parkettstäbe für die Weiße Dame geht, besser noch länger, ein Mannesalter, fünfundzwanzig Jahre.

Prächtiges Alter, schade, dass manche es nicht erleben, sagte der Herr und schaute auf das Sägemehl, das seinen Schuhen den Glanz genommen hatte. Aber du findest schon heraus, wie es mit dem Trocknen schleuniger geht, Meister Homér. Morgen bin ich wieder da, dann hast du es, und wir geben uns die Hand darauf. Eine Anzahlung bringe ich mit.

Als er wiederkam am nächsten Tag, saßen keine Freunde in der Werkstatt. Der Herr schaute Marta ins Gesicht, als kenne er sie. Marta wollte Homérs Hand nehmen, er ließ sie ihr nicht. Zuckte auf die Frage des Herrn nur wieder mit den Schultern, die fünfzehn Jahre seien nicht herum, auch heute fehle ihm Holz, das trocken genug wäre.

Feucht wird das Holz auf einem Schiff wie der Weißen Dame doch ohnehin, nicht wahr, sagte der Herr und sah beim Reden Marta an. Sie werde der Phantasie des Meisters schon Beine machen, der General könne nicht warten, bis er seine Gäste begrüßt und ihnen … kurz und gut, du schickst mir heute Nachmittag deine Zusage und den Parkett-Plan hinauf, ich denke, wir verstehen uns, Meister. Dabei starrte er die ganze Zeit in Martas Obsidianaugen. Obsidian ist ein Glasstein, er entsteht bei der Abkühlung vulkanischer Lava.

Noch ein Tag oder waren es zwei, da kamen im frühen Morgen Soldaten des Generals, rissen Zedernbretter vom Stapel, sagten in der Küche mit heiseren Stimmen zu Marta, sie soll sich ankleiden und mit ihnen kommen. Beim Hinausgehen packte einer der jungen Männer Martas rote Schuhe mit den hohen Absätzen in eine Einkaufstüte. Die hatte sie bisher getragen, wenn sie auf den Hochzeiten sang.

Bewegungslos saß Onkel Homér auf der Hobelbank in der Werkstatt. Ich erinnere mich, wie seine Finger unruhig über ein Zedernbrett glitten, als prüfe er, ob es glatt genug gehobelt sei. Als sie weggefahren waren, kam Andér, der Steinflötenspieler, legte Homér die Hand auf die Schulter.

Bei mir brachen die Masern aus, das geschah an dem Tag, als sie mit Marta wegfuhren. Von der folgenden Zeit weiß ich nichts mehr, nicht mal, wie lange sie dauerte. Sie müssen nach Marta auch Onkel Homér abgeholt haben, ich kam zu Nachbarn, von dort zu anderen Nachbarn, eine Weile zu einer Nichte des Onkels, und immer so weiter.

Erst als Homér wieder in der Werkstatt steht, die unförmige rechte Hand in ein Tuch eingewickelt, erst ab da kommt stückweise Erinnerung zurück.

Jedes Mal, wenn ich Onkel Homér fragte, wo Marta sei, schüttelte er den Kopf und sagte etwas, was mir nicht wie eine Antwort vorkam: Ich müsse schauen, dass ich einen guten Abschluss mache, damit ich auf der Universität in der Hauptstadt angenommen werde und alles über das Holz und sein Gedächtnis lernte. Holz könne niemand bestechen.

Haben Sie bitte Geduld, ich komme schon noch auf meinen Zwischenbericht, sagte Ruben, ich begreife jetzt erst, wieviel meine Untersuchung mit Onkel Homér zu tun hat.
Ob er wisse, was aus seiner Tante Marta geworden ist, fragte ich Ruben.

Nein. Onkel Homér hat mir darüber nie mehr etwas gesagt, vielleicht wusste er nichts. Als seine Hand abheilte, fing er an, zwischen die Finger, die sich nun nicht mehr geradestrecken ließen, nicht einmal auseinander brachte er sie, einen Glasstein zu schieben. Mit der Zeit wurde er geschickt darin, den Glasstein auf dem Fleisch, das einmal sein Daumenballen gewesen war, mit zuckenden Bewegungen zu schleifen. Zu etwas anderem war die Hand nicht zu gebrauchen. Wenn ich ihn nach Marta fragte, starrte er mich an, und nur daran, dass er dann den Stein schneller schliff, merkte ich, dass er meine Frage überhaupt gehört hatte.

Viel später besuchte er mich manchmal in der Hauptstadt, wollte wissen, wie ich mit dem Studium vorankam, für das er mir monatlich einen kleinen Zuschuss schickte, und ob ich endlich etwas herausbekommen hätte. Was meinte er, was drängte ihn?

Trinken solche Bäume Eisen?, fragte er. Wir gingen durch einen Park neben dem Fußballstadion Estadio Nacional, dort, wo neben der Betonmauer die alten Zedern wachsen, Sie kennen die Stelle sicher.

Trinken? Warum sollen Bäume Eisen trinken?

Von Sollen rede ich doch nicht. Aber wenn die Luft voll Eisen ist, wenn die Erde davon satt ist, dann können die Bäume es nicht mehr abweisen, sie müssen es mit den Blättern einatmen und mit den Wurzeln aufsaugen, sie haben gar keine Wahl. Onkel Homér hatte angefangen, sich mit dem Wissen medizinischer Bücher, die von Blut und Blutübertragung handelten, vollzustopfen.

Ich denke, dafür müsste das Eisen aber erst in irgendeiner Flüssigkeit aufgelöst werden, nur so können es die Wurzeln der Zedern aufsaugen, antwortete ich. Sie trinken ja keine Nägel.

Blut. Löst unser Blut Eisen denn nicht auf? Lern das.

Du denkst, fragte ich, wenn Zedern auf blutigem Boden wachsen, speichern sie Eisen in den Jahresringen? Und woher käme genug Blut für die Zedern in dem Park hier, dass ich es in ihren Ringen wiederfinden könnte?

Onkel Homérs Klumphand umklammerte den Glasstein, dann schaute er, glaube ich, über die Betonmauer zum Estadio Nacional hinüber.

Er hatte sich einen Leseausweis für die Universitätsbibliothek besorgt, kam mit immer neuen Argumenten zurück auf die Eisenfrage.

Früher in der Werkstatt, hatte er darüber gesprochen, dass Bäume Zeit ihres Lebens in der Registratur ihrer Ringe alles aufheben, nie etwas vergessen. Jetzt schien ihn auf einmal umzutreiben, dass ein Baum sein Gedächtnis erst dann hergibt, wenn wir ihn fällen. Denn mit diesem Augenblick hört das Holz auch auf, sich zu erinnern. Verlangte er, dass ich die Zedern im Park neben dem Stadion umhaute, sollten sie mit dem Erinnern aufhören, so wie die Parkettstäbe der Weißen Dame sich nie an das Singen ihrer Gäste erinnern würden? Sollten gefällte Zedern ihm berichten, was mit Marta geschehen war, nur noch dieses einzige Mal mit ihm reden, und danach würde er nie mehr etwas von ihnen wissen wollen?

Ich wusste aus den Bohrkernen der Zedern, die er mir gezeigt hatte, dass Ruben im Zedernholz neben dem Estadio Nacional etwas Seltsames gefunden hatte: Kein Eisen, nein, das nicht, möglicherweise weil es keines gab, oder weil er es nicht nachweisen konnte, das fehlende Eisen bedeutete also nichts. Wir waren gerade dabei, für Eisen eine Analysemethode zu entwickeln, das würde noch dauern. Aber Ruben hatte in den Ringen gefunden, wie schwer in den Jahren des Fortschritts die Luft gewesen sein muss, Unmengen Blei, Kupfer, Quecksilber, Dreck aus Gummi und Asbest, von Bremsbelägen abgerieben, ausgestoßen von Lastwagen und den Kaminen der Fabriken. Die Ringe waren voll davon. Nur, und das war wirklich erstaunlich, nur in den zwei Jahren, die der General gebraucht hatte, um die große Ordnung herzustellen, nur in diesen Jahresringen – Stille. Als hätte die Welt geschwiegen. Kein Kupfer, kein Blei, keine Lastwagen, keine rauchenden Fabriken in den Ringen, einfach gar nichts. Schwach bedeckter Himmel, Regen und breite Ringe, die von allem schwiegen. Aber so war es. Rubens Onkel Homér hatte recht: Das Gedächtnis des Holzes ist ungerührt und unbestechlich. Ein Zittern im Ring. Oder auch nichts.

> Ich zahle dir dein Studium nicht dafür, dass du nichts findest, sagte Onkel Homér. Sieh zu, dass dein Holz redet und nicht schweigt, kümmere dich. Schon lang kann ich die Geige nicht mehr zum Singen bringen. Jetzt musst du das Eisen aufspüren. Wo soll es denn geblieben sein?

Rubens Bericht vom verpassten Begräbnis seines Onkels bestätigte, was ich in meiner Zeit als Leiter des Instituts gelernt habe: Unentwegt schaffen Menschen Verhältnisse, die jede Gewissheit zerstören. Sogar das Vertrauen darauf, dass es überhaupt eine Wahrheit gibt, an die man sich halten könnte, geht verloren. Uns bleibt nur das Holz mit seinem Ringegedächtnis. Dafür müssen wir die Bäume aber erst umhauen, und in diesem Augenblick hört ihre Erinnerung auf. Wenn wir Glück haben und ohne es zu wollen, bringen wir die gefällten Bäume mit Parkettböden, mit Türstürzen und Geigen zum Reden, sonst wäre ihr Gedächtnis nichts weiter als eine Registratur unendlich vieler Akten in einer Schrift, die niemand lesen kann.

> Dort auf dem Kneipenhügel, fuhr Ruben in seinem Bericht fort, neben dem Hügel des Friedhofs der Dissidenten, saß auch Andér,

der auf den Hochzeiten die zweitönige Steinpfeife gespielt hatte, die pifulka.

Auf seinen Knien lag eine Einkaufstüte, offensichtlich viel benutzt, das Papier schien mürbe.

Ich habe sie wiedergesehen, sagte er und er sagte es nicht zu mir und nicht zu den anderen alten Männern, er sagte es zu niemandem, vielleicht sollte es nur die Weiße Dame hören, die im Hafen unten vor Anker lag und ein neues Parkett hatte oder noch immer das alte.

Ich habe Marta wiedergesehen. In einem Haus am Fuß des Cerro Artilleria. Dort, wohin vor langer Zeit die Erdrutsche geöffnete Särge aus dem Kirchgarten hinuntergeschoben haben, manchmal bis ins Wasser zu den Schiffen. Es ist kein ganz kleines Haus, aus Stein und mit einer festen Tür aus Holz. Einen Tag lang bis in den Abend saß ich auf einer Bank. Mit einem Auge schaute ich auf das Wasser hinaus und mit dem anderen Auge auf das Haus, ich bewegte mich nicht. Dann noch den nächsten Tag und noch einen und eine ganze Nacht. Sie hat viel Besuch, und da dachte ich, dass ich sie eigentlich auch besuchen kann, warum nicht, und ging in das Haus.

Sie wird mich nicht erkannt haben, und so, ganz aus der Nähe, war ich plötzlich auch gar nicht mehr sicher, ob das wirklich Marta war. Marta, die für Homér dagewesen war, Marta, die sie weggeschafft haben damals. Und dann dachte ich wieder, es muss Marta sein, es sind doch ihre Augen, Obsidian, das hat Homér von ihren Augen gesagt.

Als ich später wieder ging, noch immer unsicher, habe ich in dem kleinen Vorraum auf einem Regal neben einem Teresa-Bild eine Tüte gesehen. Warum ich sie überhaupt bemerkt habe, weiß ich nicht, sie fällt ja nicht weiter auf. Ich habe sie mitgenommen, vielleicht weil ich irgendetwas behalten wollte, oder dieser Frau, die doch Marta sein musste, etwas wegnehmen wollte, warum, ach weiß Gott warum.

Homér hat die Geige gespielt, ich die Steinflöte und Marta hat gesungen, sie lässt die Töne nie so schnell los, wie Homér sie aus seiner Geige holt und ich aus der Steinflöte. Auch Stein hat ein

Gedächtnis, es geht viel weiter zurück als das von Klangholz. So große Kreise beschreiben die Steinringe, dass sie uns erscheinen wie gerade Linien.

Andér öffnete die mürbe Einkaufstüte. Rote Schuhe waren darin, einer ohne Absatz, beim anderen fehlte der halbe.

Laudatio auf den Text des Nachwuchspreises

Auf diesen drei Seiten dichter Prosa geht es um die Selbstvergewisserung einer jungen Frau durch Erinnerung. Die namenlose Ich-Erzählerin denkt an die Zeit ihrer Kindheit in einer Kleinstadt zurück, an den Schulweg, auf dem sie 2012 mit ihrer besten Freundin Giovi die hip-hop-Songs angehört hat, zu der diese mit ihrer Tanzgruppe Choreographien einübte. Die beiden sind Gegensätze: Giovi lebt in der Musik, die Ich-Erzählerin sagt von sich: „aber ich habe nie getanzt und nie gesungen. Ich ging schnell, aber still." Und sie hat immer nur zu Boden geblickt, erinnert sich an „die pfützen auf dem asphalt, die durchnässten deichmannschuhe, schmutzig gewordenen säume der jeans". Parallel dazu verläuft ein Prozess des Vergessens, sie findet die italienischen Worte für Beatmungsgerät, Entzugserscheinungen und Feuerholz nicht mehr.

Schon in den beiden ersten Absätzen kann man erkennen, wie raffiniert Elisabetta Michel ihre Texte komponiert: Beim italienischen Wort für Beatmungsgerät denkt jeder an die katastrophale Coronasituation in Italien Anfang 2020, Feuerholz wiederum evoziert archaische Wärme, die Deichmannschuhe machen klar, dass wir es hier nicht mit den besserverdienenden Klassen zu tun haben. Die Songs werden per bluetooth verschickt, den früheren Schulweg kann man auf google maps rekonstruieren – dieser Text führt mitten in die Welt hinein, in der wir leben. Er spielt im dritten Jahr von Corona, einer „Seuche [...], die sich nicht abschütteln lässt; egal, wie oft man hände wäscht, nachrichten anschaltet, nachrichten ausschaltet." Die Fabrikgebäude am Schulweg sind mittlerweile zu „lost places" geworden, „ähnlich wie andere orte in dieser kleinstadt; in manche häuser darf man nicht, weil sie sonst einstürzen, das weiß jedes kind." Und dann folgt ein Satz, der die Atmosphäre einer unterschwelligen Bedrohung, die diesen Text durchzieht, auf den Punkt bringt:

„was ich mittlerweile weiß: in manche häuser darf man nicht, weil man selbst sonst einstürzt."

Auch in der Gegenwart der Erzählung in der Großstadt, in der die Ich-Erzählerin inzwischen lebt, legt sie Wege zurück, die jedoch mit fortschreitender Pandemie immer mehr nur im Kreis herumführen. Der Blick ist auch hier auf den Boden gerichtet, der keine Sicherheit gibt und in prägnanten Sprachbildern evoziert wird: „rutschige eisenbahngleise etwa, asphalt mit flaschensplittern und den leichnamen von silvesterböllern, wiesenmatsch". Ihre Haare sind dunkler geworden, wie die Giovis, sie selbst trägt teurere Kleidung und sieht ganz anders aus, „nicht wiedererkennbar". Wir haben es mit einem scheuen Wesen zu tun, das sich verbergen möchte, zu Boden blickt, schnell geht, wie auf der Flucht.

An zwei Punkten wird lapidar erhellt, warum die Ich-Erzählerin so geworden ist und nicht anders: Ihre und Giovis Mutter kommen beide aus Italien, sind aber sehr unterschiedlich: „ich musste erst in die großstadt ziehen, um zu bemerken, dass andere das lieben vielleicht nicht so gelernt haben wie wir: nicht von leuten, die schlagen, geschlagen werden, schreien, angeschrien werden." Auch sexuelle Gewalt war im Spiel, ohne dass darüber genau gesprochen worden wäre. Im letzten, mehr reflexiven als bildhaften Teil des Textes geht es um die kritische und leicht ironische Auseinandersetzung der Ich-Erzählerin mit dem neuen Feminismus, den sie in der Großstadt kennenlernt.

„Kreise" ist keine optimistische Befreiungsgeschichte, eher eine präzis beobachtete, skeptische Bestandsaufnahme kleiner Fortschritte einer jungen Frau, deren Erfahrungen die vieler anderer umfassen. „manchmal wäre ich gerne nicht so schnell, aber dafür lauter", lautet das Resümee der Ich-Erzählerin.

Elisabetta Michel ist 1999 in Lindau geboren und studiert Psychologie in Leipzig. Sie schreibt, seit sie einen Stift halten kann, hat Lyrik im Leipziger Queen Zine Magazin veröffentlicht und arbeitet aktuell mit anderen jungen Erwachsenen am Projekt „1000 junge Gegenwarten" im Haus der Kulturen in Berlin mit, einer sechsmonatigen Schreibwerkstatt von jungen Schreibenden. Originalton Michel über sich selbst: „in studium und schreiben setzt sie sich mit postmigrantischen & intergenerationalen themen auseinander. neben literatur begeistern sie politische bewegungen, ihr kitaminijob und guter aperitif." Wir stoßen auf Elisabetta Michels Jugendpreis an. Gratulation!

Ulrike Längle

Kreise

Elisabetta Michel

mein langzeitgedächtnis hat sich in ein sieb verwandelt, aus dem die inhalte heraussickern und im nirgendwo verloren gehen; mir entfällt vieles zurzeit, z.b. das italienische wort für beatmungsgerät, für entzugserscheinungen, für feuerholz. aber nicht alles wird durchgesiebt. parallel nämlich laufen in meinem kopf als hintergrundohrwurm – immer und immer wieder, mit verblüffender persistenz – die tracks, die ich 2012 auf dem schulweg gehört hatte. es waren stets die hip hop songs, zu denen meine beste freundin giovi mit ihrer tanzgruppe choreographien einübte. sie war wirklich gut darin, dachte ständig nur ans tanzen und an die entsprechenden lieder, und deswegen durfte sie morgen für morgen aussuchen, welche musik vom kleinen samsung galaxy der ersten generation abgespielt wurde. manchmal schickte sie mir den track des tages dann über bluetooth. aber ich habe nie getanzt und nie gesungen. ich ging schnell, aber still.

wenn ich an diese jahre zurückdenke, sehe ich stets vor allem den boden vor mir, die pfützen auf dem asphalt, die durchnässten deichmannschuhe, schmutzig gewordenen säume der jeans. nie sehe ich den himmel. nie das gesicht von giovi oder den anderen freundinnen, die mich auf dem weg morgen für morgen begleitet hatten. ich frage mich, ob ich wirklich nur auf den boden geschaut habe als kind? ob ich keine vögel gesehen habe oder die fabrikgebäude, die google maps mir auf den schulweg zeichnet? die fabrikgebäude sind mittlerweile leerstehend, zu lost places geworden, ähnlich wie andere orte in dieser kleinstadt. in manche häuser darf man nicht, weil sie sonst einstürzen, das weiß jedes kind. was ich mittlerweile weiß: in manche häuser darf man nicht, weil man selbst sonst einstürzt.

ich laufe wieder und wieder und immer noch. es ist das dritte jahr – oder der zweite winter – einer seuche geworden, die sich nicht abschütteln lässt; egal, wie oft man hände wäscht, nachrichten anschaltet, nachrichten ausschaltet. die strecken, die man zurücklegt, sind seltsam geworden, sind kein bewegen von A nach B, es gibt schließlich kaum orte mehr, zu denen man gehen soll; stattdessen sind die wege kreise geworden, einmal um den block, zweimal, über eine brücke in das andere stadtviertel und dann wieder zurück. mein schuhwerk ist besser, ich trage wollsocken, ich kann über alles laufen, wenn ich will. rutschige eisenbahngleise etwa, asphalt mit flaschensplittern und den leichnamen von silvesterböllern, wiesenmatsch. meistens will ich nirgendwo hinlaufen und tue es trotzdem, es ist ein wahres getriebenwerden. von was genau kann ich nicht sagen.

ich frage mich manchmal, ob sich die dinge wirklich alle im kreis drehen oder es einfach eine pathologische art und weise ist, die welt zu betrachten, etwas, was in das dsm-v einklassifizierbar ist --- es fühlt sich so an zumindest, wenn ich an giovi denke. beim kämmen meiner haare stelle ich fest, dass sie mittlerweile fast genauso dunkel sind wie die ihren, es scheint etwas schleichendes gewesen zu sein.
wenn ich in der stadt spaziere, in der ich aufwuchs, gefällt es mir, ganz ganz anders auszusehen als früher, nicht wiedererkennbar zu sein. dass die haare abgeschnitten sind und dunkler eben, mein gesicht in anderen farben geschminkt, teurere schuhe. der boden ist genauso nass wie in anderen städten auch, alle sprechen von der schönheit eines sees, in dem sich berge spiegeln – primär sehe ich mein eigenes abbild, was von der pfütze reflektiert wird.

giovi und ich hatten manchmal über unsere mütter gesprochen, vielleicht naheliegend, weil sie beide aus dem gleichen land kommen, uns als babys in der gleichen sprache vorgesungen haben. und doch sind sie so anders. es gab da einen text im deutschunterricht, der mir im kopf geblieben ist, es ging um das, was man lernt von seinen müttern. über diesen text hatten wir nur kurz gesprochen, als wir auf ihrem pink bezogenen bett die ausbeute einer kleinen klautour ausgebreitet hatten (eine bürste und nagellack von müller, die essence schminke, die nach einer weile orange wird, twix und pickups). ich erinnere mich: das bett war viel zu groß für so ein kleines zimmer, so einen dünnen teenager.

eine von uns sagte: *„wenn wir von unseren müttern das lieben gelernt haben, na dann, ich weiß nicht."* keine ahnung wer von uns beiden die erkenntnis hatte, es war eine sehr reife für dieses alter.

ich musste erst in die großstadt ziehen um zu bemerken, dass andere das lieben vielleicht nicht so gelernt haben wie wir; nicht von leuten, die schlagen, geschlagen werden, schreien, angeschrien werden.

ich frage mich, ob es giovi heute manchmal auch geht wie mir. ob sie sich auch langweilt, wenn beziehungen ruhig sind und undramatisch. ob sie manchmal heimlich vermisst, dass es knallt, ob sie die abwesenheit zerbrochenen geschirrs als fehlenden liebesbeweis sieht. ob liebe für sie hunger ist oder sattsein. oder etwas gänzlich anderes.

beim spazieren in der großstadt, die ich die meine nenne mittlerweile, laufe ich an einer bar vorbei, die ich aus meinem ersten winter hier noch kenne (es war ein pandemieloser). es gab da so eine diskussion, an die ich mich nur ganz vage erinnere, weil sie in super viel billigrotwein getränkt war. aber ich erinnere mich noch gut an mein erstaunen darüber, wie viel zeit menschen

verbringen konnten mit diesen diskussionen. es ging um männer, die *okf* auf festivals rumlaufen. ich musste fragen, *was heißt
das, okf.* man erklärte mir: *oberkörperfrei.* und dass das eben eine
art sei, dort *raum einzunehmen,* dort *mit einer gewissen selbstver-
ständlichkeit aufzutreten, die sich flinta nicht erlauben konnten.*
da war wieder ein wort, was ich nicht kannte, aber ich fühlte mich
zu betrunken, um abermals nachzufragen. zu beschämt vielleicht
auch. und mitargumentieren konnte ich ohnehin nicht, ich wollte
auch nicht. ich hatte mir den großstadtfeminismus anders vorgestellt; in meinem feminismus als 17jährige war es um femizide
gegangen, um gewalt, um den fakt, dass jeder einzelnen meiner
freundinnen in ihrem leben schon einmal etwas angetan worden
war (so nannten wir es, wir wurden nie konkreter in unserer
sprache). ich hatte nicht die kraft, um über männliche brüste zu
sprechen. über abkürzungen.

und heute? heute bin ich nicht mehr so enttäuscht vom feminismus, denke ich, während ich mit meinen nassen schuhen eine
kippe ausdrücke. es ist immer noch sehr schwer und müde-
machend, also diese abkürzungen zu kennen, die diskussionen
zu hören, die sich manchmal so fremd anhören, so weit weg vom
leben meiner freundinnen und mir. aber zumindest rede ich
manchmal mit. zumindest ist meine sprache klarer geworden
und schärfer. manchmal ist meine stimme noch zu leise, um
mitzuhalten mit den lautesten typen in der kneipe, den belesens-
ten, auch wenn ich sie so gern daran hindern würde, mich zu
unterbrechen.
die glut der kippe erlischt schnell.

als ich aufsehe, merke ich, dass es nicht regnet, sondern schneit.
ich habe wohl, wieder und wieder und immer noch, zu lange
auf den boden gesehen, den boden und nichts als den boden.
manchmal wäre ich gerne nicht so schnell, aber dafür lauter. ich

überlege, wie ich das anstellen soll, so ganz anders zu sein. meine frierenden finger suchen einen song auf spotify von rihanna, drücken play, singen mit zum handylautsprecher beim spazierengehen, so wie giovi es manchmal tat. es fühlt sich stimmiger an, als ich dachte.

Gewalt verstehen

Anton Borlinghaus

1

Es geht nicht darum, etwas zu Ende zu denken, sondern alles gleichzeitig zu denken, alles drum herum miteinzubeziehen, wenn man etwas verstehen will, und man muss vorsichtig auf dem schmalen Grat zwischen Isolation und Aussetzung balancieren, anwesend und abwesend gleichzeitig sein, denkt sich Levi, als er die nächste Wäsche in die Waschmaschine packt. Die nasse Wäsche riecht heute muffig und der Kaffee schmeckt bitter. Aber die Intensität der Erinnerungen kann ihn nur faszinieren, die Detailliertheit der Bilder aus letzter Nacht, und wie es jedes Mal aufs Neue wieder seinen Körper durchfährt, wenn er diese Bilder abruft.

Vor dem Kunstmuseum wurden alle Gemälde mit biblischen Motiven zu einem hohen Turm aufgestapelt, der für eine große Werbeaktion von Ritter Sport umgestaltet wird, weil man inzwischen wirklich genug vom einen hat und noch nicht genug vom anderen, und weil das Museum die Räume braucht, um Seminare zum Thema Forellenzucht in der Badewanne zu veranstalten. Ein Bild aus letzter Nacht, das hin und wieder vor seinem geistigen Auge aufblitzt, ist das von Elsas glänzenden schwarzen Augen ganz nah an seinen und hinter ihr der Eingang einer Tiefgarage, gebunden an ein Gefühl der nervösen Vorfreude, zusammen mit einer Angst, dass alles ganz furchtbar schief gehen könnte. Aber der Rest der Erinnerung klebt irgendwo am äußersten Rand der Waschtrommel und außer einem leeren Zentrum sieht man nichts, sobald der Schleudergang erstmal einsetzt und die Zentrifugalkraft alles nach außen drängt.

Das Schöne an Musik ist, dass sie uns nicht mit Inhalten belästigt, denkt sich Levi, als er an den Tischtennisplatten vorbeiläuft, und wir lieben sie dafür, so wie wir alles lieben, was sich nicht darum kümmert, verstanden zu werden. Nichts ist so niederschlagend wie das Gefühl, nicht zu verstehen, wenn man verstehen soll, und nicht verstanden zu werden, wenn man verstanden werden will. Aber das Ungewisse muss unter immer größeren Anstrengungen gepflegt werden, immer wieder neu entfacht, weil es Hoffnung ist und Zukunft, denkt er, und dass letzte Nacht etwas von dieser Hoffnung verloren gegangen sein könnte, dass sich dort eine Wahrheit offenbart hat, der man nicht mehr entgleiten kann.

Wie oft kommt es schon vor, dass einem zufällig genau das begegnet, wonach man gerade sucht, etwas so Schönes und Einnehmendes, fragt sich Levi, etwas so Präsentes, als er sich die Zähne putzt. Es lag nichts mehr dahinter, ihre Augen sagten, was ihre Gesten sagten, was ihre Worte sagten, alles auf einmal, und darum geht es bei der Magie, denkt er, um Gleichzeitigkeit und um Alternativlosigkeit. Da war nichts anderes mehr, kein Rauschen, keine Zerstreuung, und er hätte alles getan, was sie von ihm verlang hätte, außer sich abzuwenden und keine Angst mehr zu haben.

Sag mir, wer ich bin, und ich sag dir, was du willst, sind ihre Worte gewesen. Aber obwohl er es genau wusste, fand er keine Sprache, in der er ihr hätte sagen können, wer sie ist, eine, die sie hätte verstehen können, eine lebendige Sprache, falls es so etwas gibt. Und seine Sprachlosigkeit hat sie wütend gemacht, die mehr als nur Schweigen war, dass es dahinter leer ist, dass sie Nachrichten ins Nichts schickt, sie nichts zurückbekommt, dass ihr keiner sagt, wer sie ist, nur weil sie es nicht verstehen würde.

2

Alle Räume hier sind zu groß und zu leer, um sie als Einzelner ausfüllen zu können, denkt sich Levi, als er am Bürgeramt vorbeiläuft, wo arbeitslose Architekten eine große utopische Modellstadt planen, um sich irgendwie zu beschäftigen. Er hat die ganze Nacht nicht geschlafen, weil ein Geräusch ihm nicht aus dem Kopf gehen wollte, das Geräusch von aufschlagenden Tischtennisbällen in einer Tiefgarage. Mal sind die Ballwechsel langsam und ruhig gewesen, mal schnell und intensiv, mal miteinander und mal gegeneinander, Angriff gegen Angriff, Angriff gegen Verteidigung, dann wieder um ein Verweilen in der Gleichmäßigkeit bemüht.

Das Rathaus hat inzwischen der Imkerkurs für sich vereinnahmt und in der Philharmonie finden Workshops zum Körbeflechten statt, weil keiner mehr weiß, wie man mit so viel Gegebenheit sonst friedlich und zeitgemäß umgehen soll. Bevor Levi in dieser Stadt gelandet ist, hat er sich noch ganz andere Dinge gefragt, zum Beispiel wie man generell wissen soll, was man fordern darf, ab wann man zu viel verlangt und ab wann sie einen nur milde anlächeln und erwidern, dass sich das ganz bestimmt einrichten lässt. Warum man seine Zeit damit verschwenden muss, abzuwägen, abzugleichen und abzulehnen, hat er sich gefragt, wenn man eigentlich nur den Wunsch hat, morgens neben etwas Schönem aufzuwachen, und ob man, indem man weiß, was schön ist, schon das Wichtigste weiß und mit seiner Ignoranz gegenüber allem anderen einfach ein freierer Mensch ist.

Die Langweile trifft einen von beiden Seiten, denkt er sich, ergibt sich einerseits daraus, dass es einem fremd bleibt, und andererseits daraus, dass man es nur zu gut kennt. Sein Oberkörper leuchtet in bunten Farben, sieht er im Spiegel, blaue, gelbe, grüne Flecken auf Brust und Bauch verteilt. Es sind die einzigen wirklich realen Erinnerungen aus jener Nacht, sichtbar und spürbar,

Zeichen, die eine klare Sprache sprechen. Er hofft, die vielen einzelnen Bilder aus seiner Erinnerung irgendwann zu einem Gesamtbild zusammenfügen zu können, und gleichzeitig ist es ihm unheimlich bei dem Gedanken. Vielleicht sind deshalb seine Kontaktversuche mit Elsa seitdem eher halbherzig, und vielleicht geht es ihr genauso.

Wenn sich der Weltschmerz so gut anfühlt, wenn man noch nicht mal in der Lage ist, Schmerz von Wohlbefinden zu unterscheiden, wie soll man dann von sich behaupten, ein klar denkender Mensch zu sein, der weiß, was er tut, oder wo er hingehört, oder ob er überhaupt irgendwo hingehört, fragt sich Levi, als er die Tapete streicht. Sich die Dinge genau anzuschauen, hilft einem nicht dabei, sie besser zu verstehen, denkt er. Je genauer man hinschaut, desto mehr verliert man den Bezug zur Welt, die nur als Ganzes verstanden werden kann, und man muss dabei den vielen kleinen Dingen darin, wie dem Holzspan in der Raufasertapete, ihre Einzigartigkeit absprechen, falls man den Rest seines Lebens nur noch mit der Welt auf dem Sofa sitzen und sich nichts mehr zu sagen haben will.

Was soll man jetzt tun, fragt er sich, jetzt, wo man eine klare Sprache gesucht und gefunden hat. Eigentlich hat man mehr gesucht als das, aber was man gefunden hat, hat einem irgendwie die Lust darauf verdorben, die Sache noch weiter zu vertiefen, dafür seine Existenz aufs Spiel zu setzen. Ein paar harte Schläge müssen reichen, ein paar intensive Ballwechsel, intensive Bilder, an der Grenze zwischen Faszination und nackter Angst, zwischen Erweckung und Zerstörung. Sobald es einmal kippt, fällt man frei, denkt sich Levi, als er auf den Anruf-Button tippt.

Man will es hart spüren, man will, dass es gewaltsam über einen hereinbricht, denkt er, aber nicht zu sehr, man will wahrgenommen werden, aber nicht zu sehr, man will nichts zu sehr und bekommt deshalb von allem zu wenig. Hell, weit, klar und sauber liegt das Denkmal vor ihm und die steinige Symmetrie beruhigt ihn schlagartig, der stolze Krieger auf dem höchsten Punkt des Denkmals, stark und zuverlässig erlöst er einen von den Verwirrungen des Daseins und verlangt dafür nur, dass man zu ihm aufschaut. Womöglich gründet sich die ganze Misere nur auf einem Autoritätsproblem, denkt sich Levi, als er in dieser monumentalen Umgebung seine eigene Bedeutungslosigkeit genießt, sich auf die riesigen Stufen setzt und auf Elsa wartet.

Elsa wirkt instabil und bewegt sich fahrig, denkt er, dass dieser Ort auf sie wohl nicht so beruhigend wirkt wie auf ihn, und dass sich eine ganz neue Verletzlichkeit hinter ihrer sonst so souveränen Art versteckt. Er fragt sich, ob es wegen Henri ist, und wie er ihr eine Freude bereiten könnte. Aber außer Tischtennis und Wäsche aufhängen fällt ihm nichts ein, und er glaubt, dass Elsa diese Dinge weniger Freude bereiten, dass sie ihre Auswege ganz woanders sucht.

Manchmal verschwinden Menschen einfach, sterben gewissermaßen, nicht endgültig und für jeden, aber für den Einzelnen, besonders wahrscheinlich, wenn man sich vorher schon mindestens zweimal im Leben gesehen hat. Ein Stück deiner Identität nehmen sie dabei mit sich, könnte sich Elsa jetzt denken, als sie sich eine Zigarette anzündet, oder aber auch was ganz anderes, denkt sich Levi, dass sie noch Lasagne im Kühlschrank hat zum Beispiel.

3

Henri ist umfassender verschwunden als Levi für sie oder für sich selbst oder umgekehrt, glaubt Elsa, als sie einen Dübel in die Wand hämmert, körperlich endgültig nämlich, und am Ende ist das alles, was zählt, alles, was da ist, eine Gestalt, die unter deinen Berührungen zum Leben erwacht. Wie soll man in etwas vertrauen, das sich nicht anfassen lässt, das sich niemandem fügt, wie soll man der Schönheit vertrauen, hat sie Levi gefragt, aber er hat ihr nicht geantwortet, nur weil sie es nicht verstehen würde. Und darum hat sie ihm die Gewalt gezeigt, damit er endlich lernt, in einer Sprache zu sprechen, die jeder versteht.

Es wird Herbst und das weiche Licht hüllt dich noch einmal sanft ein, bevor es fast ganz verschwindet und dich dann unerbittlich den kahlen Wintertagen aussetzt, wenn Freiheit zu Verlust wird, wenn man die Härte dieser Stadt erst richtig zu spüren bekommt, dass man sich in zu großen Räumen aufhält und durch zu breite Straßen läuft. Sprache ist Fetisch, denkt sich Elsa, eine Überlebensstrategie gegen das Nichts. Sprache ist alles, was am Kern vorbeischrammt, alles, was wir nicht wirklich sind, was wir aber brauchen, um uns darüber hinwegzutrösten, dass es nicht viel ist, was wir wirklich sind.

Aus dem glänzenden absorbierenden Schwarz in Elsas Augen ist ein mattes abweisendes Schwarz geworden, das die Verwirrten leid ist, nicht mehr dazu bereit, ihre Sehnsucht zu bestätigen, ihnen Raum zu geben, um sich darin zu verlieren. Kompromisse verabscheuen sie, diese Augen, fordern dich auf, entweder einzutauchen und dabei zu wissen, was du tust, oder wegzubleiben, denkt sich Levi, als er Nudeln kocht. Er wusste vielleicht noch nie weniger, was er tut, aber er weiß, dass er es in der Tiefgarage wusste. Das passende Gefühl half ihm dabei, das Gefühl angekommen zu sein, an einem Ort, an dem er niemals ankommen wollte.

In Kinosaal 1 finden heute Vorträge zur Schädlingsbekämpfung beim Rettichanbau statt und Saal 2 ist vorübergehend geschlossen, weil Eichhörnchen dort einen totalitären Staat aufgebaut haben. Wie lange kann man das alles noch ernst nehmen, fragt sich Levi, wo hört der Spaß tatsächlich auf, als er ein Croissant in den Kaffee tunkt, ab wann ist es einem nicht mal mehr mit der Höflichkeit ernst genug, um so zu tun, als würde man das alles noch ernst nehmen. Vielleicht fühlt er sich so kraftlos, weil er über Strukturen nur noch lachen kann, weil er sich die Wiederholung zum Feind gemacht hat, aus der man so viel Kraft schöpfen könnte, die immer mehr ist als bloße Wiederkehr, dazu dient, etwas zu festigen für den, der sie durchführt, und etwas zu offenbaren für den, der von außen zuschaut. Wiederholung ist der Grundstein von Verständnis, von Muster, System, Sprache und Form, wer sich nicht wiederholt, bleibt unverstanden, ohne Konturen, gleitet nur formlos dahin ohne Anfang und Ende und ist nie mehr als Augenblick, denkt sich Levi, als er Zwiebeln schneidet.

Sport kann man noch ernst nehmen, fällt ihm dann ein, weil sich dort keiner ziert, die Regeln deutlich zu formulieren, weil die Idee davon ehrlich ist und einfach und klar, ein Anker in flüchtigen Zeiten und Räumen, alles ist Sport, sagen die Politiker, damit man sie ernst nimmt, alles ist Spiel. Es gibt Regeln, die über das Spiel hinaus gelten, hat Elsa ihm in der Tiefgarage erzählt, Regeln der Ehre, dass man niemals freiwillig kapituliert etwa, dass man bis zum Ende alles gibt, dass außer diesen Regeln und den Regeln des Spiels keine anderen Regeln gelten, und dass aber in ihrem speziellen Spiel die Regeln der Ehre nicht mehr nötig sind, weil jeder von Natur aus alles gibt, wenn es um alles geht.

4

Was ist das für ein Ort, an dem es keine Autoritäten mehr gibt, an dem man den Leuten zutraut, dass sie schon selbst wissen, was richtig ist, und an ihre Vernunft appelliert, fragt sich Levi, ein Ort voller vernünftiger Menschen, antwortet er sich, wo sich jeder Widerstand sofort in Luft auflöst, weil es keine Instanz mehr gibt, gegen den man ihn richten kann, keine Hierarchien mehr, keine Zuständigkeiten mehr, nur noch Kollektive, Cluster ohne Zentrum, Handeln ohne Konsequenz, Dasein ohne Präsenz. Vielleicht ist Unterdrückung immer noch besser als Gleichgültigkeit, denkt er, und vielleicht essen die Leute Gorgonzola zum Frühstück, weil man damit genau das richtige Maß Perversion an den Tag legt für eine Welt, in der unter der Bedingung, dass nichts passiert, alles passieren kann.

Die Garderoben-Frau in der Staatsbibliothek hat die Afrobeats laut aufgedreht, damit sich die Absurdität dieser Räume halbwegs ertragen lässt, um all den Blassen, Versunkenen, Kurzsichtigen, Verkrümmten einen Moment Fülle und Farbe zu bescheren, bevor ein direkter Blick ihr Herz kurz stillstehen lässt, weil er sie ohne Vorwarnung trifft und sie niemals mit sowas gerechnet hätte. Warum sind die Leute beleidigt, wenn man ihre Individualität infrage stellt, und setzen sich trotzdem in die Staatsbibliothek, denkt sich Levi dabei, warum wir immer so tun müssen, als wären wir anders, uns nicht einfach endgültig fügen und erleichtert einordnen.

Präsenz kann man Levi nur noch gewaltsam beibringen, weil er so selbstzufrieden versunken ist in fernen Sphären der Abstraktheit, denkt sich Elsa, und nicht mehr freiwillig und aus eigener Kraft zurück in seinen gegenwärtigen Körper findet, als sie an der Börse vorbeikommt, wo krankgeschriebene Gymnasiallehrer ihre Midlifecrisis therapieren. Vielleicht glaubt er, sich nicht richtig daran erinnern zu können, weil er sich eigentlich so gut daran erinnert, dass es ihm Angst macht, diesen Erinnerungen Raum zu geben, weil er dann endlich eingestehen müsste, dass es schwieriger ist, vor dem Trauma zu flüchten als vor dem Ritual.

So unerschütterlich beständig liegt das Denkmal im grauen Dunst und hat dem Vergessen trotzdem nur wenig entgegenzusetzen. Das ist das Problem mit allem Beständigen, dass es immer an seinem Ort bleibt, einfach links liegen gelassen werden kann, denkt sich Levi, als er aufblickt zum Krieger aus Stein, der aus der Gewalt geboren ist und niemandem außer ihr jemals weichen wird. Wie können die Erinnerungsfetzen aus jener Nacht ihn so erschüttern und sich trotzdem nicht mit dieser Welt vereinen lassen, fragt er sich, vielleicht weil sie präsenter sind als die Gegenwart, weil in dieser Nacht etwas passiert ist, das sich seinem Körper eingebrannt hat, anstatt wie sonst nur daran abzuperlen, das entweder gewaltsam eingedrungen ist oder bereitwillig aufgenommen wurde.

Schönheit ist etwas, das man sofort versteht, das einen in seiner Klarheit überwältigt, hat sich Levi gedacht, und sie wirkt dort am stärksten, wo sie von wirren verbrauchten Mustern umgeben ist, als Elsa ihn im Waschsalon das erste Mal direkt angesehen hat. Sie hätte schon damals ahnen können, dass er nie ein echtes Interesse daran hatte zu verstehen, dass er sich vielmehr vor nichts so sehr fürchtet wie vor der Endgültigkeit der Erkenntnis, die du auf dem Boden der Tiefgarage findest.

Bunker

Jürgen-Thomas Ernst

Nur noch die alten Bäume, tief in ihren frühen Jahrringen, erinnern sich noch an den Lärm jener Zeit. An das Schreien der Menschen, das Rufen, das *Hühot* der Pferdeführer. An das Hin- und Herwuseln auf dem Platz, an das Geräusch des Zuges, der auf den schlecht verlegten Gleisen vorüberquietschte. Langsam, da stets die Angst bestand, dass einer der Waggons oder im schlimmsten Fall sogar die Lokomotive selbst aus den Schienen sprang. Ja, das war passiert, öfters. Alle paar Jahre einmal. Und es vergingen immer Tage, bis man das Ungetüm mit Seilen und Flaschenzügen mühsam von der Böschung oder von noch weiter unten, aus dem Bett des Flusses zurück auf die Schienen gezerrt hatte. Manchmal starb dabei auch einer. Wurde zerquetscht von Bäumen oder Steinen, die sich auf den Ladeflächen der umgestürzten Waggons verkeilt hatten und plötzlich auf einen zurasten wie wilde Tiere. Oder sie wurden vom riesigen Ungetüm selbst erschlagen, nachdem ein gespanntes Seil, laut wie ein Peitschenknall, zerriss oder Bäume, an denen die Flaschenzüge angebracht waren, auf einmal abknickten wie Streichhölzer. Menschenleben hatten damals keine große Bedeutung. Sie waren verfügbar wie das reife Korn eines Getreidefeldes, das über das Jahr hinweg von Unwettern verschont geblieben war. Es gab unzählige von diesen Menschenleben. Verschwand das eine, kamen am nächsten Tag schon wieder fünf andere, die den Platz des Abgetretenen einnehmen wollten. Diejenigen, die all die Arbeiter und Arbeiterinnen für diese Schufterei anforderten und anstellten, wussten manchmal nicht einmal ihre Namen. Man nannte sie einfach: *He du!* Oder: *Du da!* Oder: *He Mann!* Oder: *He Frau! Hier her! Dort hin! Dort hinüber! Dort hinauf! Und ein bisschen schneller, denn wir haben nicht den ganzen Tag Zeit dafür!* Unzählige Menschen arbeiteten an diesem Ort. Manche freiwillig, manche, weil sie mussten, manche, weil sie dazu gezwungen wurden.

Die Anlage war, beginnend von einer großen Ebene, in den Waldhang hinein gebaut worden. Ein Bunker reihte sich neben den anderen und, als wären es riesige Stufen, übereinander die Bergflanke hinauf. Drei Dutzend gab es von ihnen. Einige versteckten sich etwas abseits. In der Ruhe und Abgeschiedenheit des Waldes. In der Mitte der Anlage lief eine breite, steile Treppe den Hang empor. Von dieser Treppe zweigten in regelmäßigen Abständen ebene Stege ab, die zu den Bunkern führten, den Baracken oder zum Kontor. Einmal, in einer frostigen Winternacht, war einer der Uniformierten vom oberen Ende dieser Treppe hinuntergestürzt. Zuerst konnte man nicht feststellen, ob es ein Unfall gewesen war oder ob ihn vielleicht jemand hinabgestoßen hatte. Man fand ihn erst kurz vor Anbruch des nächsten Tages. Der Gleiswärter, der jede Nacht immer denselben Streckenabschnitt entlangging, sah ihn in der Nähe der Schienen liegen. Zuerst dachte er noch, dass sich ein größerer Stein aus der Bergflanke gelöst hatte und hinabgepoltert war. Aber dann erschrak er plötzlich und sagte ganz laut in die Nacht hinein: „Das ist ein Mensch!" Die Lippen des Opfers waren blau angelaufen und das Gesicht von groben Schlägen zerstört. Als ihn der Gleiswärter mit den Spitzen seiner Stiefel an einer Brusttasche der Uniform berührte, spürte er sofort, dass der Mann tot war. Da war kein Widerstand mehr, nichts Weiches. Der Körper des Uniformierten war hart wie Stein. Vom Frost der letzten Nacht. „Minus zwanzig Grad", flüsterte der Gleiswärter. „Das hält keiner aus."

Er bemerkte, dass die Hände des Verstorbenen in den Hosentaschen steckten. Als er die rote Streckenwärterlampe genauer an das Gesicht des Uniformierten führte und die offenen Augen und die Lippen sah, auf denen schon Eiskristalle glitzerten, schien ihm, als sei das Opfer kurz vor seinem Tod jäh erschrocken. Als habe er ihn hinterrücks gepackt. Und dann. Zack und weg.

Später hieß es gegenüber den untersuchenden Kriminalisten, dass der Verstorbene in seiner letzten Nacht mit anderen Uniformierten gezecht hatte und irgendwann austreten musste. Man saß im überhitzten Kontor. Der Kanonenofen ächzte und das trockene Fichtenholz knackte und knallte. Ja, man habe Branntwein getrunken. Alle von ihnen. Wegen der Kälte draußen. Ja, man habe Karten gespielt, und der Uniformierte habe gewonnen. Viel gewonnen. Alle erklärten übereinstimmend, dass sich der Verstorbene irgendwann in dieser Nacht erhob. Wankend. Ja, darin waren sich alle einig. Schwer wankend sogar. Der Uniformierte sei vom Branntwein arg betrunken gewesen. Ob er gemeinsam mit jemand anderem das Kontor verlassen habe? Daran mochte sich keiner erinnern. Es war spät, sie seien betrunken gewesen, alle zusammen. Nein, man könne es nicht mit letzter Gewissheit sagen. Vielleicht derjenige, der beim Kartenspiel so viel verloren habe? Man sprach von Spielschulden in der Höhe von zwei Ballonflaschen Kirschwasser. Ein Vermögen in diesen Tagen. Zwei Kühe hätte man dafür kaufen können. Mindestens. Niemand wusste etwas Genaues zu sagen. Schuldzuweisungen oder Verdächtigungen? Sie wurden nicht ausgesprochen.

Vermisst? Nein, man habe den Uniformierten nicht vermisst. Seine Unterkunft befand sich in einem abgelegenen Bereich der Bunkeranlage. Alle glaubten, dass er hinüber gegangen war. Hinüber in seine Kammer, in der ein Metallbett stand und ein Nachtkästchen. In einer Ecke hing ein Kruzifix. Ja, er habe ein Zimmer für sich alleine gehabt. Und er sei niemandem abgegangen, später. Zumal das Kartenspiel nach den hohen Gewinnen des Uniformierten schon beendet gewesen war.

Man untersuchte den Fall genauer. Der Uniformierte war offensichtlich mit beiden Händen in den Hosentaschen gut siebzig Meter die steile Treppe hinabgestürzt und sei nicht mehr in der

Lage gewesen, die Hände aus den Hosentaschen zu befreien. Die Kanten einiger Stufen seien ihm vermutlich zu groben Hindernissen geworden. Je tiefer, desto brutaler. So erklärte man sich später auch das zerschlagene Gesicht. Denn an anderen Körperstellen konnten später keine Hämatome festgestellt werden. Keine Brüche, keine Einwirkungen von Knüppeln oder Fußtritten, keine Messerstiche. Nichts. Vermutlich, so die Annahme des Gerichtsmediziners, der die Leiche obduzierte, sei der Uniformierte noch während des Sturzes bewusstlos geworden, später reglos liegengeblieben und schließlich erfroren. Die Kriminalisten bezeichneten den Vorfall letztlich als tragisches Unglück. Todesursache: Erfrieren. Todeszeitpunkt: Die Nacht vom sechzehnten auf den siebzehnten Jänner. Zur Erinnerung an das Opfer wurde später in der Nähe des Fundortes eine Gedenktafel angebracht. „Hier ruht, unvergessen, unser werter Kollege Sebastian Krapp", konnte man darauf lesen. Und, „In ewigem Andenken, deine Kollegen." Die Tafel, die an einer Bunkermauer montiert wurde, gibt es immer noch, aber der Name des Uniformierten auf der Sandsteintafel ist in den Jahren längst verwittert, von der Natur unkenntlich gemacht worden und von Moos überwuchert.

Wenn man an der Bunkeranlage Jahrzehnte zurückflog, fand man sich irgendwann einmal in einer warmen Augustnacht wieder. Es war lange her, seit sich die Geschichte mit dem Uniformierten ereignet hatte. Der Gleiswärter marschierte auf der Krone des Bahndamms entlang. Aus dem Tal zog ein kühlender Wind, der angenehm über seine Haut strich. Der letzte Tag war heiß gewesen, sehr heiß. Die Kühle tat gut. Der Wind brachte die Ärmel seines kurzen, weißen Hemdes zum Flattern. Der Streckenwärter ächzte erleichtert und biss kurz danach in einen Apfel. Er aß jeden Tag einen Apfel. Das hatte ihm sein Arzt geraten. Jeden Tag einen. Meistens aß er den Apfel bis auf den Stängel auf. Heute Nacht warf er den Butzen jedoch hinüber an die bergseitige Böschung. Der Streckenwärter hörte ihn noch durch das Unterholz rauschen und sanft aufschlagen. Im Westen leuchtete der volle Mond. Er schien so hell, dass man nicht einmal das Licht der Streckenlampe benötigt hätte. Aber das war Vorschrift, und deshalb trug er sie. Unter seinen Schuhsohlen knirschten manchmal die groben Schottersteine des Gleisbetts. Er versuchte seine Schritte jedoch immer so zu setzen, dass er von Schwelle zu Schwelle steigen konnte. Und meistens gelang ihm das auch. Es sei denn, irgendetwas brachte ihn aus dem Takt. Etwas, das auf den Gleisen lag und nicht dorthin gehörte, oder ein Rascheln im Unterholz, ein Knacken, das ihn ablenkte. Auf der Strecke war heute Nacht ruhig. Kein Stein, der von oben herab auf das Gleis gerollt war, kein Baum, der quer über die Schienen lag. Da war nur der Wind, der sanft gegen den Rücken strich.

„Das tut gut", flüsterte er. „Verdammt gut."

Und während er es sagte, lächelte er zufrieden. Was hatte er doch für einen schönen Beruf. Nachts, allein über die Gleise marschieren. Niemand, der ihn herumkommandierte und ihm Befehle erteilte. *Tu das! Tu jenes! Lass das! Nein, nicht so! So, ganz genauso!* Es gab niemanden, der ihn während seiner Arbeit belästigte. Dieser Gedanke machte sein Herz leicht in jener lauen Nacht im August, während von hinten noch immer ein angenehm kühlender Wind heranschob.

Es war später, Jahrzehnte viel später. Für die meisten war der Gleiswärter nicht einmal mehr ein Gedanke. Sein Name im Getriebe der Zeit längst zermalmt, verraucht und verhallt. So wie er selbst. Samuel Amann. Die wenigsten erinnerten sich noch an ihn und die überwiegende Mehrzahl hatte nie von ihm gehört. Aber trotzdem war da noch eine Erinnerung an ihn geblieben. Eine stumme zwar, aber eine Erinnerung. Das so nachhaltige Ereignis lag schon lange zurück. Vierzig, fünfzig Jahre mindestens. Aber es war noch da und es hatte die Erinnerung an damals bis in den heutigen Tag hinübergerettet. Sie lebte sogar noch im

Jetzt. Begonnen hatte alles in dieser warmen Augustnacht. Der Gleiswärter hatte gerade seinen letzten nachlässigen Bissen in den Apfel getan und den Butzen gegen die Böschung geschlenzt. Was der Gleiswärter nicht wusste, da er nicht darauf achtete und der Sache auch keine Bedeutung beimaß, war, dass der Butzen auf einem weichen Bett aus tiefgründiger Erde landete. Zudem auf ein flaches Stück Boden. Und kein Baum in der Nähe, der ihm hätte das Licht streitig machen können. Einer der Samen, der im Apfelbutzen geduldig auf seine Aufgabe gewartet hatte, keimte. Still, verschwiegen, etwas abgeschieden vom Gleis an dieser bergseitigen Böschung. In den Jahren danach erreichte keine Sichel seinen Stämmchen und keine Sense, und keine Axt hackte später seinen Stamm nieder. Der Baum wuchs und wuchs. Eines Tages blühte er weiß und ein bisschen rosa, und im darauffolgenden Herbst trug er seine ersten kleinen Äpfel. Seither blüht er Jahr für Jahr und trägt stets im September eine ansprechende Anzahl kleiner roter Früchte mit hineingesprenkelten gelben Punkten. Nur Dachse, Füchse und Rehe bücken sich nach ihnen. Sie schmecken sauer, und kaum hat man in sie hineingebissen, sind sie auch schon wieder verschwunden, weil sie so klein sind. Dieser Apfelbaum ist die letzte Erinnerung der Natur an den Gleiswärter, der jahrzehntelang diese Strecke entlanggegangen war, um die Bahnstrecke frei von Hindernissen zu halten.

Viele Ereignisse kreuzten im Laufe der Zeit diese Gegend. Ein ausgemergelter Mann etwa, der quer über den breiten Platz hastete, die Böschung hinauf, immer weiter, und am Ende doch von den beiden Schäferhunden und ihrem Herrn gestellt und noch im Wald erschossen wurde. Er habe ihm sein Brot gestohlen, gab der Täter den Kriminalbeamten später als Begründung für seine Tat an. Und Brot war in diesen Tagen so kostbar wie das Leben. Denn wer keines mehr hatte, hatte unter Umständen auch bald kein Leben mehr.

Einmal küssten sich in einer Nacht im Mai um drei Uhr früh ein Mann und eine Frau im Schatten einer südseitigen Bunkermauer. Das hätten sie nicht tun dürfen. Aber sie taten es trotzdem. Sie war eine verheiratete und oft mit Worten und Schlägen geprügelte Frau, Mutter von vier Kindern und schon weit über vierzig. Er keine siebzehn und so verliebt in die Frau, dass er ihr eines Morgens damit drohte, sich umzubringen, wenn sie seine Liebe nicht erwidere. Sie küssten einander in dieser Nacht, leidenschaftlich. Immer und immer wieder. Sein Herz raste vor Glück, ihres vor Angst. Trotzdem küsste sie ihn umso leidenschaftlicher. So, als gewähre ihr diese Nacht die allerletzte Gelegenheit, in ihrem Dasein noch eine zarte Ader aus Glück zu erleben. Während sie ihn küsste, war sie noch einmal jung, noch einmal mutig, noch einmal frei. Ja, und auch noch einmal ein bisschen glücklich.

In einer föhnigen Oktobernacht lag einmal ein Betrunkener quer über die Gleise. Er war eingeschlafen. Der Wind spielte mit seinen Haaren. Der Wind war angenehm und warm. So, als wäre es die warme Hand seiner Mutter und er ihr kleines Kind, das sie über alles liebte. Er lächelte im Schlaf und spürte die quietschende Musik der rollenden Räder des Zuges auf den Gleisen nicht näherkommen. Er überhörte auch das immer lauter werdende Schnauben der Lokomotive. Die zwanzig Güterwaggons waren überschwer mit frischem Holz beladen. Eines aber spürte er, und das eine riss ihn aus dem dumpfen Schlaf. Eine Nässe berührte seine Wange und eine Zunge. Der Hund des Bunkervorstehers leckte ihn gerade ab und rettete ihm damit das Leben. Die meisten anderen Ereignisse glichen wie dem Aufgang der Sonne oder dem immer wiederkehrenden Versinken des Tages. Sie waren sich in irgendeiner Weise immer gleich. Das Schreien der Menschen, ihr Hin- und Herwuseln auf dem Platz vor den Bunkern. Der Geruch von Kohle und Menschenschweiß. Das einmal laute und das andermal leise Rauschen des nahen Flusses. Das langsame vorüberquietschen des Zuges. Ganz selten, vielleicht einmal im Monat, wenn durch einen großen Zufall alle Geräusche den großen Platz mit einem Mal gleichzeitig räumten und plötzlich für Augenblicke eine große Stille einzog, erwachte kurz Musik. Das Gezwitscher der Vögel in den Bäumen des nahen Waldes. Das Geräusch der singenden Vögel hörte man sonst nur morgens, eine Stunde bevor der Tag heraufdämmerte. Aber zu dieser Stunde lagen die Menschen, lagen die Bunker, der Vorplatz und das Gleis, das daran vorüberführte meistens im Schlaf, und nur die wenigsten nahmen davon Notiz.

Aber all das ist lange her. Es war im Herbst gewesen. Die Bäume trugen noch ihre Blätter. Die meisten waren schon verfärbt. Rot, Gelb, Braun. Nachts zog auf dem Rücken des Flusses oft ein ungemütlich kühler Wind ins Tal hinaus. An einem warmen Oktobernachmittag, der noch blass an den letzten Sommer erinnerte, hallte das Quietschen der Eisenbahnräder auf den schlecht verlegten Schienen zum letzten Mal durch das Tal. Danach gab es keine Lokomotive mehr, die ihre Waggons hinein ins Tal oder von dort hinauszog. Es wurde auch keine Kohle mehr benötigt, von denen hier stets etliche Tonnen gelagert worden waren und die man jahrelang über eine Seilbahn von weit oben aus den Bergen zu den Bunkern hinabgeseilt hatte. Kein einziger Tender würde noch mit diesen Kohlen beladen werden. Kein Lärm von geschäftigen Menschen würde den Ort jemals wieder beschallen. *He, du! Ja, du! Da vorne! Schneller jetzt! Das muss heute noch fertig werden! Wir haben nicht den ganzen Morgen dafür Zeit! Los, los!* Das war mit diesem Tag vorbei. Danach brauchte man die Bunkeranlage mit all ihren Räumen, Stiegen und Schächten nicht mehr. Sie hatte ihren Zweck erfüllt. Für immer.

Seither erobert sich die Natur in ihrer ganz eigenen Geschwindigkeit das Terrain zurück. Meistens liegt ein leises Schweigen über dem Ort. Vögel zwitschern und der nahe Fluss rauscht. Nur selten marschiert ein Wanderer auf der aufgelassenen Bahnstrecke vorüber. Von den Wänden der Bunker blicken Graffitis herab. „Love is a tunnel" steht da in rosa Farbe an einer moosbewachsenen Wand. Strichmännchen und Strichweibchen lächeln gegen das Grün der Bäume und Sträucher. In den Winkeln der Anlage riecht es ein wenig nach Urin. Füchse, Marder und Dachse sitzen manchmal nachts auf den Ruinen der Mauern. Einige von ihnen verkriechen sich später in den wind- und regengeschützten Ecken. All die betonierten Stiegen, Räume und Bunker verlieren sich seither immer mehr in ihrer Umgebung. Fügen sich ein, versinken oder sind bereits in ihr verschwunden. Mit großer Geduld und Beharrlichkeit wachsen Farne und Moose, Sträucher und Bäume. Immer dunkler werden die Mauern von den Schatten der Blätter, die sie beschirmen. An manchen Stellen ragen die Buchen und Fichten schon weit über die Grundmauern der Bunkeranlage hinaus. In den Räumen, von denen die meisten keine schützende Decke mehr tragen, sammelt sich das alte Laub und die Nadelstreu der letzten Jahre, morsches Holz von herabgestürzten Ästen und Abfall. Bier- oder Konservendosen. Glas und Kunststofftaschen. Spuren von achtlosen Menschen. Der Natur ist das jedoch irgendwie egal. Sie arbeitet unbeirrt weiter, zieht ihre Baumwerke immer höher gegen den Himmel, spannt da und dort einen Ast in die Horizontale, lässt Pflanzen klettern und hier und dort abzweigen, mit langen dünnen Armen, an denen Blätter wachsen, die Mauern empor, an ihr entlang und quer hinüber, und schafft dort, wo ein Baum umgestürzt ist und den Blick auf den Himmel geöffnet hat, in wenigen Wochen grüne Polster aus Brombeerblättern. Irgendwann einmal wird die Natur alle Bauwerke verschlungen haben, wegerodiert, von der Kraft der Wurzeln leise gesprengt, von Moos, Gras und Farn überwachsen. Alles geht langsam vor sich. Ganz langsam. Aber die Natur hat Zeit. Jede Zeit, die man sich nur vorstellen kann.

Cinque

quasi una fantasia

Marion Vera Forster

Und es war Zeit. Zu dieser Zeit also, in der üblicherweise überall in diesem Universum, wo Schwäne Reviere markiert haben, die Schwanenwelpen sich aus ihren Schalen pellen, da kam einer auf die Welt, der war ganz und gar kein üblicher Schwan. Und nichts deutete darauf hin. Denn es hatte sich bis dahin alles genau so zugetragen wie üblich. Die Dunkelheiten waren genauso oft nach dem Äquinoktium im Neulicht verstrichen, wie üblicherweise nötig, um in den balzenden Weißtieren solch Vertrauen in die länger werdenden Lichtzeiten keimen zu lassen, dass sie es wagten, die winzigen Gräulinge auf diese Welt zu bringen. Wie üblich nach vielstimmiger Planung, wie üblich nach dem Nesterweben, und wie üblich nach der Hochgischt der Hochspannung, in deren Herzform zwei Tiere in vollkommener Gleichzeitigkeit einander über und unter Wasser für einen durch kunstvollen Tanz zum Verweilen gebogenen Augenblick außerhalb aller Sonnen und Monde auf Leben und Tod, die Ewigkeit und alles, was schwerwiegt ausatmend, wirklich begegnen. Wie üblich war es ein großer Wurf. Wie üblich entschieden sich alle erst spät für einen Namen und wie üblich kamen nur wenige durch. Die Trauer über die namenlos erloschenen Geschwister würde aus dem größten der neugeschlüpften Schwäne später Sonson-kleiner-Bär machen, denn er wusste, er würde stark werden müssen wie das gefährliche Waldtier, um die anderen beschützen zu können, sie würde aus dem Zweitgrößten Sadr machen, denn er würde nach Sonson, dem Kopf, für sie alle sein wie eine gemeinsame, stolzgeschwellte Brust, und Deneb und Albireo würden aus den Kleinsten werden, nach den Sternen in dem Bild aus der

Zeit der Mythen, die sie über sich dann wüssten, und noch später würde es geschehen, dass Sadr sich einen anderen Namen geben und Huupo werden würde, denn er würde von allen am besten die Trompeten nachahmen können, mit denen die Menschen in ihrem Revier ihre Geister riefen oder sich oder einander aufweckten, aber das ist eine andere Geschichte. Es ist die Geschichte von überstandenen Abenteuern, von menschlichen Stimmen und von vier Charakterschwänen, sie spielt in einer Zeit, in der die Schwäne alles, was Schwäne üblicherweise tun, schon einmal gemacht haben werden, und diese Geschichte muss sich erst noch ereignen. Denn noch ist die Zeit, in der die Zahl der Welpen schon auffällt, der einzelne Welpe aber nicht. Es ist die Zeit, in der keiner von ihnen eine Eigenschaft haben muss. Weiß man um diesen Umstand des Rudels, das in sich eins ist und sich als einen einzigen Organismus empfindet, ein großes, flauschiges herumtreibendes Stück Wasser, Nest und Wetter mit sechs Köpfen und zwei Wachtürmen, so ist leicht zu verstehen, weshalb der Hellste, wenig später, zu spät, dann der auffallendste Welpe des Wurfs, von keinem als Besonderheit bemerkt wird, nicht von jenen, die nicht mehr alles zum ersten Mal erleben und längst in die Luft gehen können, nicht von dem, von dem hier erst noch die Rede sein muss, und erst recht nicht von ihm selbst. Das Rudel nimmt seine Varianten gleichgültig hin. Wie alles, was vorkommt oder ihm widerfährt. Außerhalb des Schwanseins, so viel ist zu wissen von dieser Welt, gibt es Zusammenhänge, größere und kleinere, allmähliche und abrupte, die Schwäne fressen können. So oder so. Die Algen und die Welse am unteren Ende des Atems, die Schnäbel und Klauen und die frischen Triebe über dem oberen Ende, dort, wo der Gegenwind wohnt, der den Lebensgeist antreibt. Außerhalb der eigenen Bewegung, so viel ist zu ahnen von dieser Welt, gibt es Unergründliches. Man treibt als junger Schwan unweigerlich darauf zu. Noch gehts ums Überleben. Nicht aus der Reihe rudern und Rudel sein und möglichst nicht auffallen, nicht den endgültigen Mäulern aus der Tiefe, nicht den letzten Augen aus der Luft, es gilt zu lernen, was wirklich zu fürchten ist. Ratten? Meistens über- und dann unterschätzt. Ratten sind im Grunde fette Elfen. Wegfressen sollte man ihnen nichts. Die Kormorane? Blecherne Profile, etwas muffig vielleicht, besonders frühmorgens, wenn die Oberflächen noch nicht geklärt sind. Für Schwäne kein Problem. Aale? Naja. Gänse? Davon gibts immer zu viele, das aber selten, also harmlos, man kann an ihnen Vertreiben üben. Das braucht man, später, wenn es nicht mehr ums Überleben geht und ein eigenes Revier zu verteidigen ist. Der samtene Fuchs, der sich holt, was keinem je zusteht? Davor warnen die Alten, in Tönen, die wehtun, vor denen man nur flüchten kann, ins gemachte Bett des elterlichen Gefieders, das schützt, das dämpft, das undurchlässig macht. Füchse, lieber nicht, und lieber nicht der Marderhund und nicht der Hecht mit seinem zielverbissen scharfen Mundwerk, nicht der unersättlich weiche abgrundweite Breitmaulfisch, der en passant gleich eine Welt einsaugt, und sei's dass er nicht mehr als einen kleinen Happen ohne Wirbel will. Man muss frühzeitig lernen, unsichtbar zu werden für die Lichtlosen. Und im Gegenteil, das Gleißen? Solange die Augen links und rechts noch einen Horizont finden, dauert die Blendung nie so lange, dass man sie nicht vergessen könnte, noch während man sich von ihrem allesauflösenden Weiß erholt, in das sich jeder, früher oder später, unwiederbringlich verwandeln muss. Ein Schwan, so viel ist zu erwarten von dieser Welt, ist Spielball, ein saumseliger Sendbote, schönstes Sorgenkind der Sonne. Stürme? Geiferndes Wasser aus allen Richtungen, entzündete Himmel, Wolkengebrüll, Orkane und ihre launischen Landzerfetzer, die Böen? Was soll uns geschehen!? Sobald wir uns, weniger und mehr als Vögel, mehr und weniger als Fische, eher wie kunstvoll kalfaterte Knospen, in jeden Wind drehen können, droht keine Gefahr. Und so lassen

wir uns treiben, wie unantastbar, in der Schwebe zwischen Welle
und Welle, die wir mit Kraft und breiten Füßen unter uns wei-
terdrehen, federleicht dabei den Ort behauptend, jeder mit einem
eigenen Platz ||:im Ganzen:|| ein einziges Wesen aus allen mög-
lichen Formen des Vertrauens ins Auge der Landschaft hinge-
tupft. Und dann, plötzlich, endet diese Welt.

Das Schreckliche geschieht. (Ununterbrochen. Sagen die Mäuler
von unten. Man kann und kann nicht unaufhörlich darauf starren. Wissen die Augen von oben. Die eigene Zeit wird nach To-
den gezählt. Chor aller Tiere dazwischen. Wer ein Talent fürs
Leben hat, lernt wegzuschauen. Wer könnte es sagen.) Und das
Besondere kann sich nicht mehr verbergen. Ich will es so erzählen:

Das Schreckliche bringt das Schönste mit sich in die Welt. Meistens beginnt Ersteres mit Letzterem. Und so war es auch diesmal.
Alle fünfzig Jahre einmal, musst du wissen, kommt ein Schwan
zur Welt, der nicht geboren wird. Er kommt als flausiges Geist-
lein, leichter noch als eine einzelne Daune, aus jenen Wassern,
die der älteste Schwan eines Kontinents Jahr für Jahr für Jahr
usw. jeden Tag von neuem zu seinem Revier macht, bis er sich
eines Tages selbst darin auflöst. Es sind dies jene seltenen Ge-
wässer, in denen die echten Tränen der Menschen sich sammeln
(Der Wasserspiegel sinkt und steigt...), man findet sie immer an
der Grenze, sie sind leicht salzig, wie ein geheimes, inneres Meer.
Solch ein Halbjahrhundertling schließt sich, kaum hat er seine
Stimme, seine Augen, seine Schwimmhaut über Wasser gründlich ausprobiert, einer so rätselhaften wie unverrückbaren Regel
folgend, stets als Fünfter dem Nachwuchs des Ältesten an. Dass
er nicht vertrieben wird, nicht sofort verbellt, überrannt, zerflat-
tert wie andere Waisen, Ente- und Gänslein, Blesshühn- und
Haubentaucherchen, die sich schutzlos dem Rudel ausliefern,
auf der Suche nach der Gefiedergeborgenheit, die ihnen fehlen
wird, bis sie, wenn sie es schaffen, selbst erwachsen sind und sie

notgedrungen selbst herstellen, ist unwahrscheinlich und doch, es geschieht jedes Mal, wenn ein solcher Geist eintritt in solch ein Milieu, das Rudel des Ältesten nimmt ihn, wie er dessen Geruch, vollkommen an. Ein weiteres, neben den anderen, ihm nur ihm Rückblick keineswegs gleichenden, gleichgültig im gleichen Rhythmus das Unergründliche erkundenden Organen, aus allen Gründen aber verschiedenes Organzahäuflein des gemeinsamen Organismus. Im Rückblick, jetzt, so wie er da in Formation schwimmt, mit den anderen, auf den Flügeln der Alten zwischen dem lichten Blau und dem dichten Blau herumturnt und nestelt, als wäre er einer von ihnen, da erkennt man ihn natürlich sofort. Unvergleichlich mit Tieren nämlich ist seine Farbe besonders, anders als alle anderen Welpen ist er nicht grau mit olivenholzgrauem Schnabel, wird nicht melange mit roségrauem Schnabel und nicht weiß mit karminrotem Schnabel, nein, der Halbling ist weiß, weichselbaumblütenweiß mit wisperwindrosenrosa Füßen und winterschilfblütenimspätnachmittagslichtbeigem Schnabel, und bleibt es. Bis er, einer von vielen, als einziger auffällt. Selbst dem stumpfesten, selbst dem traurigsten, selbst dem hoffnungslosen Wesen, denn er ist aus reiner Freude und steht für alles Wahre, Gute, Schöne, und alle sollten (nicht jeder aber will, nicht jeder aber kann) ihn sehen.

Wenn diese Geister erwachsen werden, und zum ersten Mal das tiefe Herz im Hals spüren und zum ersten Mal im Schmerz erfahren, wie es tönt, verlassen sie das Rudel, früher als die anderen, und machen sich auf ihren eigenen Weg durch die abgelegeneren Regionen der menschlichen Fantasie. Manch einer wird unterwegs berühmt. War Pallaksch nicht Hölderlins unsichtbarer Papagei? Namenlos zwar, aber bis zu den Ohrenspitzen geprägt von tausendundeiner Geschichte: Wielands Hippogryph, Rowlings Fawkes, die Eselin des Propheten Bileam, Bachmanns Salamander, Nevermore (in seinem schwarzen Gefieder gut getarnt), der weiße Hirsch, die Grinsekatze, Lohengrins Gefährte …

Sie ziehen in den Süden, in die wandernden Berge: zu den weißen Pfauen und zu den weißen Eseln, zu den Nachkommen der wenigen Tiere, die vor hundert und hundert und hundert Jahren den Königshäusern der alles weißpudernden Menschen entkommen sind, zu den letzten sieben Einhörnern, die aus der Massentierhaltung fliehen konnten und zu den geflügelten Rhinozerossen, die früher Orchester waren, zu den Sphingen, deren Rätsel jemand gelöst hat, und zu den Chimären mit den schönen Stimmen, die niemand satteln wollte, weil die wenigen, die noch an sie glauben, nicht mehr in die Unsichtbarkeit gehen, in der allein zu lernen ist, wie sie zu reiten wären, zu den ersten Hunden der echten Kinder, die sterben müssen, wenn sie erwachsen werden, zu den Fabelwesen, deren Zeit um ist und die dort eine Weide haben, die nicht endlich ist und für jeden anders und jedem von ihnen auf ganz eigene Art gehört, dorthin also, dorthin, ins Reich der Wunder und der Erscheinungen, und es sind viele. Und wenn sie ausschwärmen, alle zusammen, dann färbt sich der Horizont über allen Seen korallenrot und erinnert das Wasser ans Meer und manchmal auch die Segler, die nicht an Land gehen, wenn der Sommer endet und nie wieder an Land gehen wollen, und sie zeigen sich nur noch in Träumen und in dieser seltenen Art Rausch, die Geschichten besser und nicht kleinmütiger macht, und manchmal auch einem sehr, sehr einsamen Menschen.

Wenn eins von ihnen nicht gemäß den Naturgesetzen aller Wunder im Moment der Erfüllung einer bis zu diesem Moment unerfüllbaren Sehnsucht erlischt, sondern zur Unzeit, bevor es sich aufmacht, ausgelöscht wird (Der Tod ist ein Kind der Zeit und des Zufalls, sein Instrument des Menschen Hand), ohne dass sich ein Talent verwirklicht hat (Manch einer glaubt, er wird ein Besonderer, wenn er das Besondere trifft), dann muss eine Hoffnung begraben werden.

So geschah es diesmal mit diesem. Der Besondere wurde, kaum hatte er seinen Platz als Fünfter im Rudel des Ältesten behauptet, erprobt und verteidigt, von dem Pfeil durchbohrt, den Menschen für das Besondere bereithalten. (Gegen die Harpune, das feigste Werkzeug in der herzlosen Hand dessen, der, weil es möglich ist, ein Leben nimmt ohne sein Bestes zu geben, gibt es kein Wort. [Leerzeichen für vollkommenes Wesen] Zu tun bleibt dann nichts mehr, als es zu finden, dem Herzfaden wortlos nachzugehen bis ins Innerste, mit aller Kraft der Verneinung und des Wahrhabenmüssens, und wieder zurück. Die letzten Dinge verrichten. Als könnte man, wenn schon nichts gegen den unnatürlichen Tod und nichts mehr für den Toten, doch etwas für die Lebenden machen.)

Die Trauer im Rudel des Ältesten breitete sich aus, überzog Himmel und Landschaft und fraß sich in die Augen all derer, die sie wahrnehmen mussten, so ätzend, so salzig und so lidzerschneidend scharf, dass – kein Mensch kann es sich vorstellen. Kein Mensch darf sich in einem Satz ausmalen, was es für alles menschliche, unmenschliche und nicht-menschliche Leben in einem von Schwänen bevölkerten Universum bedeutet, wenn das natürliche Gleichgewicht der Tränen an einem Ort wie diesem in Gefahr gerät und der See umzukippen droht. Denn das geschieht in solch einem Fall, und es geschieht unwiderruflich.

Es sei denn – (Stell dir vor, es ist möglich, für diese Geste jetzt noch Frohsinn aufzubringen!) Es sei denn (Solch eine Zumutung!), ein anderer erklärt sich bereit und springt für den unzeitgemäß erloschenen Lichtbringer ein, und wird, einer so rätselhaften wie unverrückbaren Regel folgend, Fünfter an des Fünften statt.

Die Botschaft dieser Möglichkeit, wird in solch einem Fall augenblicklich überbracht. Ohne Adresse. Und sie gilt nur in der ersten Stunde, die verstreicht, nachdem Wesen von derselben Gattung wie jene, die den schönen Geist in ihrer eigenen Welt kaputtgemacht haben, aber von anderer Art, mit seiner Hülle in ein natürliches Grab gerudert sind.

Jeder, der sie vernimmt und, die Umstände deutend, versteht, ohne zu fragen, was es für ihn bedeutet, kann die Aufgabe übernehmen, die nur auf den ersten Blick allein darin besteht, Fünfter anstelle des Fünften und aus reiner Freude zu sein.

Unnötig zu erwähnen, dass sich in solch seltenem Fall noch seltener jemand findet, der einspringt. Der Preis, Wermutstropfen aller Heldenmythen nämlich, ist zu hoch (Man sieht es nicht auf den zweiten, nicht auf den dritten, auch nicht auf den hundertsten, sondern immer nur auf den letzten Blick, und es sieht immer anders aus): die Einsamkeit und das Verstoßenwerden und der Verzicht auf jede Art Geborgenheit in der bisher bekannten Welt – zumindest (Es muss doch Aussicht auf Linderung geben! Gibt es?) bis auch der Neuling, später, oh so viel später, wenn er bis zur Neige und manchmal auch darüber hinaus, in allem sein Bestes gegeben haben wird, leichten Herzens, und mit welcher Farbe auch immer, auf den unberechenbaren Magnetismus der wandernden Berge reagiert und wie selbstverständlich seinen Platz im Reigen der fantastischen Tiere einnimmt. Er wird es eines Tages, und er wird wissen, wenn es Zeit ist, dass es Zeit ist. (Besser so?). Davon aber nichts in diesem Moment.

Wer den Boten sehen kann, der ist bereit. Sein Einverständnis gibt er schweigend, in welcher Sprache auch immer: so sei es; es ist mir wert den höchsten Preis!

Der, von dem nun die Rede sein muss, hatte diese Sprache noch nicht, woher denn auch, in der sich solches wirklich sagen lässt, statt oder vor oder nach allen Worten. Aber der, von dem die Rede ist, kam nicht über den Pfeil hinweg, der ihm den Bruder genommen hat und dem Rudel die Unschuld und allem und allen in diesem Teil des von Schwänen besiedelten Universums das Besondere.

Den Boten hat er nicht erkannt, wohl aber gleich gesehen. Ein ausgewachsener Weißling mit wisperwindrosenrosa Füßen und winterschilfblütenimspätnachmittagslichtbeigem Schnabel war für eine Stunde in diesem Teil des Universums aufgetaucht. Zur Tarnung, als wär das Problem die Sichtbarkeit, flugs einen Riesenhaufen Algen vors Gesicht gehalten. Das sah zu komisch aus, und der, von dem jetzt weiter die Rede sein wird, musste furchtbar lachen. Dieses Lachen... Es hat ihn richtig geschüttelt, man kennt das, es kann immer und überall passieren, und zuverlässig fällt es einen an aus unmöglichstem Anlass, wenn man eben besonders leise sein soll oder will, dann geht es los, und man windet sich und versucht die obszöne, sich immer wieder an sich selbst entzündende Heiterkeit einzudämmen, auszudämpfen, sagt sich, so jetzt is aber gut, und dann wirds für einen fast ernstzunehmenden Moment auch gut und im darauffolgenden Moment noch viel schlimmer, und man wird durchgebeutelt vom eigenen Lachen bis man nicht mehr kann und sich schon ganz nach außen stülpt, kurz bevor es einen zerreißt, darauf hoffend, dass man ja wohl irgendwann aus reiner Erschöpfung unweigerlich wieder zu sich kommen muss.

Dieser Lachanfall aber traf das Rudel des Ältesten in der Stunde der bissigsten Trauer, und nicht die Geschwister, vor allem nicht der Älteste und seine Schwänin verstanden, was geschah; sie sahen nur den Frevel und Lachen, wo Weinen sein sollte, und sie dachten, er freue sich über den Tod des Besonderen und feiere die Harpune und dass es Menschen dieser Art gibt. Und so mussten sie ihn vertreiben. Ein für alle Mal.

Was sollte er tun, was war da zu tun? Das Rudel trieb ihn über den Rand seiner bisherigen Welt, aus den Freuden, die sie gebracht hatte und aus den Verfärbungen der großen Trauer hinaus in die Uferlosigkeit, ins Bodenlose, ins Unbestimmte. So kam es, dass er alles, was er liebte und kannte und gelernt hatte zu fürchten oder sich zu erhoffen, hinter sich ließ. Im Tausch für die Balance des Sees an der Grenze und den Hauch einer Möglichkeit von Glück im Leben all derer, die seine Wasser bewohnen – aber das kann er, von dem die Rede ist, zu diesem Zeitpunkt natürlich nicht wissen. Nichts auch von den wandernden Bergen und dass er eines Tages unter Gleichen dort aus- und eingehen wird, nichts von dem lichten Gespinst der Glückseligkeit, die wir uns für solch einen Ort in einer Zukunft außerhalb der Zeit ausmalen, mit fremden und den eigenen Federn, damit ertragbar bleibt, was unweigerlich folgen muss, wenn einer die unzumutbare Aufgabe und damit sich selbst übernimmt.

Anfangs versuchte er sich als Möwe unter Möwen. Man kennt das. Solange herummöwieren, bis man selbst ganz möwig wird, und die anderen sagen, wow, Möw! Das ging eine ganze Weile so, und es ging ihm dabei gut. Er lernte, zu fliegen wie eine Möwe, und bald konnte er alles, was Möwen können, im Flug, sogar schlafen, träumen. So wendig und leichtfiedrig bewegte er sich zwischen den Elementen seiner ehemaligen Welt, dass er es sogar wagte, hin und wieder das Rudel zu besuchen. Aber wieder und wieder vertrieben sie ihn, wenn er sich zu ihnen gesellte, um ein zwei Krümel aus ihrem Tag herauszuschnabeln. Eine Weile kam es ihm so vor, als ob ihm das großen Spaß machte, und er liebte es, wie sich der Älteste aufplusterte, er liebte den Ältesten und er liebte das Mädchen, wie die Menschen jene nannten, die ihm einst aus der Schale geholfen hatte, er liebte Huupo, den Musiker und Sonson, der das Vertreiben am gewissenhaftesten von allen betrieb, und die Kleinsten, benannt nach den Sternen, und er vergeudete die ganze Energie und mehr, die er durch das zusätzliche Futter, das er im trügerischen Verbund mit dem Rudel ergattern konnte, mit tollkühnen Manövern im letzten Augenblick, und so wurde alles sinnlos. Also war alles möglich. Er verabschiedete sich, diesmal wirklich, von diesem Leben, das nicht mehr seines sein würde, hob noch einmal den Kopf und dehnte den Hals, die Seinen grüßend, bedankte sich bei den

Möwen und schloss sich den ersten Lebewesen an, die ihm nach dieser Wendung begegneten.

Fische, klar. So ahmte er die Fische nach, und gab sich Mühe. Und obwohl er immer wieder zwischendurch auftauchen musste, um Luft zu holen, gelang ihm das Leben unter Wasser nicht schlecht. Allein war man dort nie. Eines Tages aber, als er mit den Rotflossen ausschwärmte, um die warmen Quellen zu erkunden, nahm ihn der Wels beiseite, mit dem er sich gerne traf, um etwas Musik zu hören in der blauen Stunde, der Wels nämlich kannte sich hervorragend aus mit barocker Fugentechnik und der heiligen Mathematik der frühen Moderne, die er beim Tristan ansetzte, was sie regelmäßig in hitzige Debatten schlingern ließ, aus denen es im Grunde keinen Ausweg gab, die daher meist abrupt endeten, wenn aus den schwimmenden Schalen oder den nahen Nestern der Menschen jemand aus seiner Konserve herausschrie... so just dance dance dance ... it turns electric wavey ... das konnte auch ganz furchtbar werden. Und der Wels sagte, vergiss es. Du bist kein Fisch. Das Fischsein wird dir nie glücken. Und er erlaubt ihm, in dieser Nacht noch einmal mit ihm Musik zu hören, etwas bestürzend Stilles, mit einem einsamen Klavier, das mochte der Wels, denn da konnte er mit Alibi weinen, was Welse ja eigentlich nicht machen, über das immer seichtere Wasser und seine Toten in den Reusen, die sich in Menschenfleisch verwandelt haben, und aus dieser Stimmung heraus brachte er ihm ein paar der besonders schwierigen Lieder vom Süden bei, die ihm als Wegzehrung für den Freund nützlich erschienen, und sie übten sich die ganze Nacht in verschiedenen Stimmen. Cinque giorni che ti ho perso ... das gefiel dem schon gründlich aufgeweichten Schwanfisch besonders gut, aber vermutlich hätte ihm zu diesem Zeitpunkt alles ganz besonders gut gefallen, denn jetzt war auch er in dieser Stimmung, und weil der Wels meint, dass es höchste Zeit für einen Namen ist, zur Sicherheit, sie beide Namen aber eigentlich nicht für sich brauchen und daher auch nicht lange darüber nachdenken wollen, heißt der, von dem jetzt schon eine ganze Weile die Rede war, ab diesem Moment, da wurde der Wels dann doch ziemlich weihevoll, wie zufällig, Cinque.

Dass Cinque seinen Namen, den er zunächst nur dem Wels zuliebe über diesen Abschied hinaus behielt, erst unter die Blesshühner, dann unter die Kormorane trug, wo man heute noch raunend von seinen Abenteuern erzählen hört, sofern man auf Grundkenntnisse in Blesshühnisch und Kormorantsch zurückgreifen kann, sorgte für weiteren Spielraum. Naturgemäß machte er, was die Rallen machten und was die Kormorane machten und die Haubentaucher, die Reiher ließ er gleich wieder sein, das waren gar zu selbstische Dandys, und ebenso naturgemäß hörte er damit bald auch wieder auf, denn er mochte den Fisch nicht essen, der so freundlich zu ihm gewesen war. Und nicht dessen Gefährten. Ein Vogel also nicht, und auch kein Fisch...

Ich weiß, hört alle her: Fisch und Vogel muss ich sein!

Vielleicht ist Cinque ein Nachkomme der Glücksdrachen oder der Pechvögel, oder er kommt aus Italien. Vielleicht ist auch er kein Gebürtiger. Vielleicht hat ihn der Furienmeister gemacht. Vielleicht ist Cinque aber auch einfach Cinque. Und ein waschechter Pallaksch. Sicher ist nur: Der kleine Fischundvogel zieht weiter durch die Welt, die er kennt, zieht durch die Welten aller anderen, zieht durch Welten, von denen noch keiner weiß, und weiter an diesem Herzfaden, den er nicht aus dem Kopf kriegt. Und er lernt. Er bringt sich bei, in seinen Gewittern, Wolken zu bewegen, er ist es, der die Formen baut, die keinen Grund haben, keine Effekte sind, er baut Wesen am Wind vorbei. Und einfach nur, weil er es kann, macht er das Himmelsspektakel. Zieht, schiebt, rüttelt, tiriliert und figuriert die Himmelsbilder zurecht. Er sorgt dafür, dass alle Formen, die auf allen Ebenen im Universum vorkommen können als Möglichkeiten immer schon längst in seinen Wolken sind.

So macht er das Material für die Ahnung und die Inspiration (manchmal gelingt es, dass ein Mensch in dem Gebiet, in dem er sich beigebracht hat, seinen Hippogryphen zu reiten, für einen Augenblick solch neue Form findet). Und er zeichnet, vor allen Dingen, unter all seinen Aufgaben ist dies die eine unerlässliche, im Flug den Horizont als dünne Linie zwischen Wasser und Himmel. Tag für Tag. Bis er abgelöst wird (wovon er, bis dieser Moment eintritt, und er wird eintreten, in fünf Sekunden, in fünf oder fünfhundert Jahren, oder schon jetzt, natürlich nichts weiß).

Das glaubst du mir nicht?

Dann geh hinaus, wenn Du morgens als erster aufwachst, geh hinaus in die Frühe und atme mit den Augen! Manchmal nämlich, eigentlich selten, sehr selten, im Grunde nie, vielleicht zweimal in einem Jahrhundert, im Frühling und im Herbst, wenn er später unterwegs ist als gedacht, wenn keine Sonne ihn zum Spielen weckt, wenn er sich, länger als seine Nacht dauert, in die sanfte Schleierhaft der Unschärfen schmiegt, die er mal hier mal da in den Frühnebelbuchten bezieht, gemachte Nester aller möglichen unwahrscheinlichen fantastischen Tiere, die keiner mehr braucht, da kann man sehen, wie es wäre, wenn es Cinque nicht gäbe:

Nicht zu sagen, was Reflexion, was Landschaft ist und wo das Wasser aufhört und der Himmel beginnt (Bis dahin ist die Perspektive, du hast es längst bemerkt, vollkommen unbestimmt).

Und wenn du es schaffst, in solch einem Moment, in dieser Art Nebel, sternenklar wie schärfster Schmerz, wie hellste Freude, nichts Anderes als diese Stille zu denken, hörst du, still wie einmal nur dein eigenes Herz, wie einmal nur das Herz deiner Liebe, in der Ferne, tief im Inneren, die Lichtbringer von dem Besonderen singen (so wecken sie Cinque … Ciiinque, Ciiiiinqueee! …) nur so kann es sein; verrate es nicht –

Die Fläche rotierender Körper

Michaela Hanel

Im Innenhof zwischen den Gebäuden fällt er niemandem auf. Gewöhnlicher Rucksack, Oversizepulli, die Ärmel trotz des kalten Wetters bis zu den Ellenbogen hochgekrempelt – normal für Anfang zwanzig. Er hat den halben Tag gebraucht, um an diesen Ort zu gelangen, mit Zügen, die zunehmend kürzer wurden, die Bahnhöfe schließlich nur noch zwei Gleise und ein Automat. Anderthalb Stunden Umsteigezeit hatte er an einem solchen Bahnhof, dann ist der richtige Zug gekommen, der, der ihn zum Busbahnhof brachte, zum Bus, der ihn zum Taxistand fuhr, denn Taxis, hatten sie vorab gesagt, seien hier alternativlos. Jetzt sieht man ihm die Reise an, seiner Haltung, seinem Gang, dem Gesicht, aber das fügt ihn erst recht ins Bild: Die meisten hier sind erschöpft. Momentan wäre es vielleicht sogar am ehesten noch seine Brille, die denen um ihn herum auffallen könnte – der Steg auf die Schnelle mit Tesa geflickt. Aber auch das wird nicht bemerkt, und von oben, aus einem der Fenster betrachtet, ist er nur ein weiteres Blond im Bewegtbild aus verschiedenen Körpern, die ihre Wege suchen.

Hinter so einem Fenster steht Heribert Heck. Die Augen auf den Hof gerichtet, sieht er doch mehr nach innen. Im Raum hängt noch ein Hauch von Parfum, die Anspannung der Bewerber. Heck kommt es vor, als wären sie im Laufe der Jahre jünger geworden. Aber wahrscheinlich täuscht ihn nur der größer werdende Abstand. Er hat das Procedere so oft durchlaufen, alle sechs Monate wieder von vorn, und doch war auch er nervös. Das hat vor allem mit dem Schauspiel zu tun, das diese Art von Gesprächen ist, ein Stück, in dem er den Wählenden spielt und seine Gegenüber für sich werben. Die anderen haben ihre Rolle gekonnt, haben auf Praktika hingewiesen oder gleich auf die Einskommanochwas in ihrem Master-Zeugnis. Es streichelt ihn, dass sie sich bemühen, und niemals hätte er zugegeben: Eine Vier würde vollkommen reichen.

Auch an diesem Ort ist der Fachkräftemangel nicht auswirkungslos vorübergezogen, und obwohl sich Heck an guten Tagen des Klangs und der Bedeutung bewusst ist: „Lehrkrankenhaus einer Universität" – an schlechten täuscht das kaum darüber hinweg, dass das besagte Institut hundert Autominuten entfernt liegt. Absolventen haben keinerlei Druck, die Grenzen der Städte zu verlassen. Und wenn sie es doch tun, dann oft Richtung Schweiz, wo das Gehalt deutlich besser ausfällt. Wer sich hier bewirbt, stammt aus der Region – oder von wirklich weit weg. Heck muss dabei an Frau Knežević denken, Adrijana Knežević, die eine Ausnahme bleiben soll. Ein Graubereich, hatte Ludger gewarnt, Tendenz Richtung Anthrazit. Heck wird nochmal mit ihm reden müssen, wie es nun weitergeht …

Er öffnet das Fenster zum Innenhof, die Parfumreste sollen verschwinden. Sie scheinen etwas aufzuwirbeln, woran er noch weniger denken will und was nicht hierhergehört. In letzter Zeit ist es mehr geworden, dass Marta ihm wieder im Kopf rumspukt. Trotzdem fragt sich Heribert Heck, warum ausgerechnet jetzt. Keine der Bewerberinnen hatte annähernd ihr Format, und doch katapultiert ihn etwas zurück in ihr kleines Studentenzimmer, staubige, überheizte Luft, und die alte Sehnsucht ist noch intakt, wenn Heribert Heck daran denkt. Es altert nicht, sein Bild von ihr, dieser strahlenden Frau, die neben ihm lag, komplett bekleidet und wild referierend, Autumno Caldo, Studentenrevolte, über Bologna, die Unistadt, Radio Alice. Da waren so viele Gedanken in ihr, die anscheinend dringend gesagt werden mussten, keine Möglichkeit, sie zu küssen. (Inzwischen sieht er das freilich anders: Warum nahm man jemanden mit auf sein Zimmer, ließ diese sprühende Nähe zu – oder hatte sie sich sogar selbst aktiv zu ihm auf die schmale Matratze gelegt? Er würde ihr gerne die Möglichkeit geben, den Moment zu wiederholen, mit demjenigen, der er heute ist, mit allem, was er jetzt weiß.)

Heck löst sich vom Fenster und geht an den Schreibtisch. Ein Schmerz in seinem unteren Rücken, vermutlich die Lendenwirbel. Er gibt ihren Namen in die Suchmaske ein, Marta Carpenteri. Wie immer findet er sie nicht. Dann sucht er den eigenen Namen. Um sehen zu können, was es Neues gibt und was sie über ihn finden würde, würde sie nach ihm suchen. Eine Zeit lang (und sie ist lang her, diese Zeit) hat ihn der Gedanke beschäftigt, dass es ihr ähnlich ergehen könnte, dass Marta irgendwo ist, an ihn denkt, ihn vermisst, ihn aufspüren, anschreiben will – und keine Möglichkeit findet.

Das Aufkommen des Internets hat diese Gedanken verspottet. Jetzt schleudert es einem Infos entgegen, Fotos, Tätigkeit, Werdegang, Telefonnummer und E-Mail-Adresse, 2325 Treffer, der dritte von oben tatsächlich neu. Sein Vortrag neulich, die Konferenz, *Dem Burnout keine Türen öffnen: Gesunde Arbeitsumgebung*. Er klickt auf das Foto, vergrößert es. Die Bildunterschrift ist erfreulich korrekt, Dr. Dr. Dr. Heck, ärztlicher Direktor. Dann prüft er noch ein paar Unterlagen, obwohl er schon Feierabend hätte. Wahrscheinlich wartet Ingrid zuhause mit einer Vesperplatte auf ihn, Wurstsalat, Käse und Salsiccia, die sie seit jeher falsch ausspricht. Der gleiche Abend seit so vielen Jahren. Tage, an denen die Heimfahrt für Heck ewig dauern dürfte.

Als er dennoch beschließt, nach Hause zu gehen, ist die Dämmerung schon sehr dunkel. Draußen ist es windig und kalt, selbst im Innenhof zieht es durch. Im Erdgeschoss noch Bildschirmlicht, dahinter eine blasse Stirn, blau angestrahlte Haare. Etwas väterlich Gerührtes in ihm: Sie sind so unglaublich fleißig …

Dann geht er durchs Tor und hinaus Richtung Parkplatz, sieht schon von weitem das flackernde Licht. Sie müssen die Laterne ersetzen, wie oft hat er das schon weitergegeben. Eine Böe fährt ihm kalt in den Nacken, wieder die Schmerzen im Rücken. Heck stellt den Mantelkragen auf und zieht den Reißverschluss unters Kinn.

Die Laterne flackert.

Geht aus.

Wieder an.

Er schließt seine Finger um den Schlüssel, betätigt schon von Weitem den Öffner. Der Wagen surrt, begrüßt ihn mit Licht. Gleich wird er sich auf den Sitz sinken lassen, den Mantel öffnen, Musik anschalten und warm umhüllt in die Dunkelheit rollen. Gut, dass der Q7 die Massagefunktion hat.

Die Haare im hellblauen Bildschirmlicht gehören Linda Kiefer. Der Entlassbericht auf der Mattscheibe vor ihr, beliebiger Name, beliebiger Text, leuchtet dort nur pro forma. Das, worauf sie sich konzentriert, steht auf ihrem Handy. Der Kontostand bewegt sich mit entschlossenen Schritten Richtung Zweistelligkeit und sie fragt sich, ob ihr Lohn kommen wird, bevor sie ins Minus rutscht. Die Kreditrecherche überfordert sie, Sollzins, Jahreszins, Tilgungsrate – und dann sind da noch diese 2000 Euro … Wie hat sie bitte so blöd sein können? Da hatte man Psychologie studiert und ließ sich trotzdem so billig ködern: drei Jahre Therapieausbildung, anderthalb davon in der Großstadt und die zweite Hälfte, ja gut, die zweite. Die konnte man ja so lange verdrängen, bis man sich bereits hier befand. Die Reißleine ist in der Großstadt geblieben, in der Probezeit, um genau zu sein. Jetzt würde sie ein Ausbildungsabbruch 2000 Euro kosten.

Sie klickt sich durch eine Galerie verständnisvoll lächelnder Bankangestellter. Würde sie ihnen erklären müssen, dass sie mehrere hundert Euro Gehalt jeden Monat ausgab, um wegzukommen und am Wochenende woanders zu sein, mit dem Taxi, dem Bus und verschiedenen Bahnen drei Stunden in eine Stadt zu fahren, zu einem Mann, mit dem sie kein Paar werden wird (und Sex, der berauschender ausfallen dürfte, gemessen an all dem Aufwand)?

Eine Nachricht schiebt sich aufs Handydisplay. Er schreibt, er finde es wahnsinnig schade, dieses Wochenende allein zu verbringen, aber freue sich auf das nächste mit ihr. Ein Screenshot zeigt zwei Musical-Tickets: Disneys Aladdin. Sie strahlt und drückt auf die Frontkamera, schickt ihm das Selfie und das ist der Grund, weshalb sie noch immer hier ist. Ihr Büro grenzt an die WLAN-Zone, in der sich abends Patienten tummeln und die auch Linda Kiefer erlaubt, schnell und kostenlos da zu sein, wo das Hier an die restliche Welt dockt. Dafür nimmt sie das Doppelbüro in Kauf, sich nirgendwohin zurückziehen zu können, Gemüsemuffin-Kreationen, die sie montags probieren muss.

Dieses Mal wird sie mit der Kollegin sogar das Wochenende verbringen: Selbsterfahrung in der Gruppe bei Riedle-Schellermann. Sie erinnert sich gut an das letzte Mal, an Müdigkeit, Unwohlsein, Introspektion, und Introspektion heißt, dorthin zu schauen, wovon sie gerade gern wegsieht. Es ist nicht so, dass es nicht lohnend wäre, dort mal gründlich aufzuräumen, es ist nur auch so, dass das anstrengend ist und nach einer Woche im Vollzeitjob Energiereserven rar sind. Die anderen gähnen genauso viel und es war auch nicht sie, die letztes Mal nach der Meditation geweckt werden musste. Aber anscheinend haben die meisten ein Stromaggregat aus Leistungsbereitschaft und unkaputtbarem Pflichtgefühl, das Linda Kiefer abgeht.

Erschwerend kommt für die Wachheit hinzu, dass die meisten Geschichten, die sie dort teilen, nicht mit besonders viel Thrill aufwarten. Vielmehr hat sie sich schon gefragt, ob es neben dem Abschluss Bedingungen gab, eine Art Standardbiografie zum Beispiel, die man vorab gelebt haben muss, von der nur sie nichts gewusst hat. Dazu scheint ein Instrument zu gehören, mit dem man die Kindheit durchmusiziert hat (versemmelte Auftritte inklusive, Fagott-Katastrophen, die noch nachwirken können), auf gar keinen Fall geschiedene Eltern, dafür Prüfungsangst, *Jugend forscht, musiziert* und Monogamie mit demselben Mann seit man ungefähr siebzehn ist. Als hätten sie alle die gleichen Eltern, den gleichen Weg hierher gehabt, jetzt haben sie die gleichen Träume: Hochzeit, Kinder, Haus.

Sie bewundert Riedle-Schellermann, die dabei immer aufmerksam bleibt und mit einer Zugewandtheit lauscht, die an Erleuchtung grenzt. Als könnte die irgendwie tiefer sehen, Dinge hören, die drunter liegen, und die sie meistens für sich behält: Sie nickt und lächelt, urteilt nie, lässt Dinge gern „mal so stehen". Linda sieht ihn ihr dennoch an: den Stolz auf diese Gruppe. Auf die klugen Köpfe, den Fleiß, die Tugend, die Opferbereitschaft, mit der sie hier ihre Wochenenden geben. Dass sie, was sie sagt, nie infrage stellen und jeden zweiten Satz mitschreiben, den sie ihnen hinwirft.

Sie haben immer was zu schreiben auf ihrem Schoß und in ihrer Hand – nur Linda Kiefer wärmt sich meistens an einem Becher Kaffee. Sie fühlt sich wie das schwarze Schaf, das lieber irgendwo anders wäre und die das so trotzig werden lässt, dass sie es nicht mal verbirgt. Riedle-Schellermann scheint selbst das nicht zu stören: Permanent strahlt sie Nachsicht aus, eine Wertschätzung für alles und jeden, die knapp an Liebe vorbeischrammt. Vielleicht kommt sie selbst da ja auch noch hin, denkt Linda, als sie zusammenpackt, vielleicht wird sie irgendwann auch so sein, wird weise über den Dingen schweben, sie annehmen, wertschätzen, stehen lassen. Wenn sie nur öfter mitschreibt.

Sabine Riedle-Schellermann parkt etwas abseits am kleinen Feldweg, um keinen der Parkplätze zu blockieren, die, seit auch Patienten SUVs fahren, knapper geworden sind. Der andere Teil der Wahrheit ist, dass sie den Fußweg zur Klinik genießt. Sobald man aussteigt, beginnt sie zu wirken, die wald- und wiesengesättigte

Luft dieses heilklimatischen Kurorts. Sabine Riedle-Schellermann atmet sie hinab in den Bauch und lässt die Empfindungen stärker werden, die sich dort entfalten.

Neugier, denkt sie.

Nostalgie.

Die gleiche Mischung ist es gewesen, die sie im Mai hat zusagen lassen, als Heck sie aus der Rente geholt und gebeten hat, es nochmal zu tun. Ein allerletztes Jahr Selbsterfahrung, ihre zehn wirklich letzten Pappenheimer – von denen vermutlich keiner weiß, wer die Pappenheimer waren. Literatur jedenfalls ist nicht ihrs. Mehrfach hat sie es probiert, sie auch an Kunst heranzuführen, dort nach Inspiration zu suchen, nach Blicken über den Tellerrand.

Sie blieben auf ihrem Teller.

Eine hat mal freudestrahlen von ihrem Wochenende erzählt, der Partner habe sie ausgeführt, in die Großstadt, König der Löwen. Sabine Riedle-Schellermann hat einen Moment gebraucht (Die würde doch nicht den Kinderfilm meinen?). Doch als man sie ins Bild gesetzt hatte, hat sie schweigend genickt. Da saßen sie also, die Einser-Abis. Und gingen ins Disney-Musical, wenn ihnen nach Kultur war. Freizeit war Konsum und Vergnügen, Reisen für sie nur Urlaubmachen, wochenlang eigentlich gar nichts zu tun. Auf Kreuzfahrten, in All-inclusive-Clubs, und wenn sie wieder nach Hause kommen, sind sie um keine Sichtweise heller, keine Erfahrung, keine Erkenntnis reifer – nur ein bisschen gebräunt.

Sie atmet nochmal tief in den Bauch. Dann geht sie hinauf in den Kursraum. Ein erster Blick in die Runde verspricht einen schleppenden Nachmittag.

Blöcke und Stifte auf jedem Schoß.

Gebräunt ist diesmal niemand.

Sabine Riedle-Schellermann bittet sie, alles wegzulegen, die Stühle an die Wände zu rücken. Sie brauchen hier Platz für Chaos.

Dann leitet sie die Gruppe an, kreuz und quer durch den Raum zu gehen. Selbst das fällt hier nicht allen leicht, sie lieben die Orientierung an anderen (und den Uhrzeigersinn). Sie bittet sie, alles abzustreifen, was sie gerade nicht brauchen können, Müdigkeit und Erschöpfung zum Beispiel, die Angespanntheit der Arbeitswoche, Sorgen, Ängste, Wut. Sie fordert sie auf, die Abstreifbewegung auf ihren Armen auszuführen, um sie körperlich zu spüren und den Effekt zu verstärken. Manche lässt das leise kichern. Und doch machen alle mit. Auch sie selbst steigt mit ein, mischt sich ins Gewusel und wischt sie lieber mal von sich ab, die unterrichtshafte Stimmung hier drin. An dieser Gruppe könnte man wirklich noch verzweifeln.

Dann sitzen sie wieder und starten wie üblich mit der Befindlichkeitsrunde. Sie berichten von Überarbeitung, von langen Tagen mit Überstunden, und dass die vollkommen unbezahlt sind, wird dabei nicht mal von sich aus erwähnt. Wissen diese jungen Menschen noch, was ein Betriebsrat ist? Und dass sie das Recht hätten, einen zu gründen? Sie lesen keine Zeitung, sind in keiner Partei. Politik scheint sie nicht mal zu streifen…

„Außerdem sind wir grad das Team, das Adrijana hat."

Sabine Riedle-Schellermann weiß nicht, was das heißt.

„Adrijana. Frau Knežević." Eine Kollegin, erfährt sie, die zwar kein Deutsch spricht, aber „den Schlüssel erfüllen" soll, die also formal dafür Sorge trägt, dass ausreichend Personal da ist im Verhältnis zu den Patienten. Frau Knežević wechsle durch die Teams und das, das sie „hat", arbeite für sie mit.

Sabine Riedle-Schellermann weiß nicht, was sie sagen soll. Dann lässt sie es einfach so stehen. Anschließend notiert sie am Flipchart das Thema des Wochenendes. Sie geht voran, erzählt ein Erlebnis, dann ziehen die Teilnehmer nach. Danach kommen sie zu den Fallbeispielen aus der beruflichen Praxis. Sie liebt diesen Teil, weil er spannend ist und in jedem Blick auf andere auch der Betrachter einfließt. Sie mag das Spektrum der Ideen, Eindrücke, Interpretationen – bis die Frage kommt, die immer kommt: welcher Ansatz der richtige war. Sie denken noch immer, dass es das gibt, die eine richtige Lösung.

Sie setzt sich auf die Kante des Tischs.

Vermutlich ist das einfach das, was zwölf Jahre Schule beigebracht haben: Es gäbe immer die richtige Antwort. Das Schulsystem scheint ihr ein Sonderkosmos, der aus solchen Binaritäten besteht, Punkte vergibt oder Fehler einkreist, alles ist eindeutig. Er kaut Wissen vor, lässt es wiedergeben, kritisch reflektieren nicht nötig, speichern und abrufen reicht. Haben diese Absolventen deshalb kein Interesse mehr am Selberdenken, Skeptischsein, Dinge infrage zu stellen? Vielen reicht es, die Antwort zu wissen, für die man die Höchstpunktzahl kriegt.

Keiner dieser jungen Leute hat ihr Angebot angenommen, Patientengespräche aufzunehmen, wie es anderswo üblich ist, und die Videos hier zu besprechen. Die Scham, vielleicht einen Fehler zu machen, den alle anderen sehen könnten, scheint für die gewichtiger, als die Chance, etwas über sich zu lernen und daran zu wachsen. Was denken sie über das Schulsystem, das sie offensichtlich geprägt hat? Allen, die hier im Stuhlkreis sitzen, hat das System gelegen. Sie haben es als Beste verlassen, können erwiesenermaßen berechnen, welche Mantelfläche Körper haben, die um die X-Achse rotieren (oder was sonst in der Abiprüfung ihres Jahrgangs verlangt war). Das ist sie, die Einlassbedingung.

Die Zugangstore sind schmaler geworden, die Wege gerader, verschulter und kürzer, als Ziel haben sie ausgedient – das Ziel ist das Ziel, und fertig. Dann sitzen sie hier mit Mitte zwanzig, beinahe noch Kinder. Ihnen fehlt es an Reife, an Tiefe, denkt sie, vielleicht an gelebtem Leben. Seid neugierig, möchte sie ihnen raten, informiert euch, probiert, geht raus in die Welt – aus ihr kommen eure Patienten. Seid dankbar für die verschlungenen Pfade, auf die euch der Zufall führen will. Auf direktem Weg zum vermeintlichen Ziel erlebt man selten sehr viel …

Sie merkt, dass sie nicht mehr zugehört hat. Die Gruppe scheint fertig mit ihrem Austausch, die Blicke liegen auf ihr. Sie räuspert sich, steht von der Tischkante auf. „Lassen wir das mal so stehen."

Er wählt die Nummer von Ludgers Kanzlei.
Es klingelt.
Und klingelt.
Niemand nimmt ab.
Nun gut, es ist Freitagnachmittag. Heribert Heck legt den Hörer auf. Und denkt schon wieder an Marta. Dieses verheißungsvolle, dieses unheilvolle Jahr 1976. Studentenproteste in Bologna, Freunde von Marta mittendrin, sie erzählt ihm von Radio Alice, dass sie hinfahren, es unterstützen will, und er, Heribert, könne mit. Marta sprudelt vor Energie und ist fast fünf Jahre älter als er, der gerade erst zwanzig wurde. Er hätte sich trauen sollen.

Als er hinfuhr, keine drei Jahre später, war der Ministerpräsident getötet, Barrikaden geräumt, Straßenkämpfe beendet, im Studentenviertel saß man beisammen, bei Musik, Zigaretten, mit einem Getränk – und er mit Ingrid, die zu verliebt war, zu naiv, zu anhänglich, zu leicht beeindruckt, vielleicht aber auch, wenn er ehrlich ist, einfach zu sehr nicht Marta. Sie saßen auf dem Piazza Maggiore, Ingrid strahlte ihn unentwegt an, und als er sie mitnahm in die Via del Pratello, wo auf der geschlossenen Jalousie noch der Schriftzug stand, verstand sie nicht, was sie hier suchten: Radio Alice.

Heck wählt noch einmal die Nummer der Kanzlei. Diesmal meldet sich eine Bandansage, er rufe außerhalb der Geschäftszeiten an. Heck legt auf. Wählt Ludgers Handynummer. Die meisten und besten ihrer Ideen sind *außerhalb der Geschäftszeiten* entstanden, im *Napoli* oder bei ein paar Gläsern Château Pichon im Bootshaus. An so einem Abend, ein paar Jahre her, hatten sie schon einmal besprochen, wie junge Leute zu kriegen wären und wie sie im Bestfall blieben. Wahrscheinlich führe kein Weg dran vorbei, hatte er Ludger dargelegt, finanzielle Anreize zu schaffen. Am selben Abend erfand Ludger sie, die ikonische Zweitausend-Euro-Strafe – die mehr eine Motivationsstütze sei denn eine praktische Konsequenz, aber oft kann man eben nicht alles haben, wer wüsste das besser als Heck.

Vor Gericht hätte das also keinen Bestand?

Niemals, Heribert. Trotzdem Prosit.

Sein Anruf läuft ins Leere. Heck fährt seinen Computer herunter und bleibt auf dem Schreibtischstuhl sitzen. Draußen setzt die Dämmerung ihre Arbeit fort.

Im Innenhof entdeckt er einen langen Riss durch eine Treppenstufe. Heribert Heck zieht sein Handy hervor und ruft den Hausmeister an. Entgegen seinen Erwartungen wird das Telefonat angenommen. Heck schildert ihm, worum es geht, und dieser verspricht, sich dem anzunehmen, am Montag sei das behoben. Heck macht es stolz, wenn der Laden läuft. Er bedankt sich, legt auf und geht weiter.

Als Linda Kiefer am Montag zur Arbeit kommt, ist ein Teil der Treppe abgebrochen. Was ehemals eine Stufe war, liegt in größeren Brocken und kleineren Bröseln auf unteren Stufen, dem Boden verteilt. Ein Warndreieck weist auf den Umstand hin. Ein Schild sagt „Betreten verboten".

Ihr Tag startet mit einer Teambesprechung, der Zuteilung neuer Patienten. Nach drei Gesprächen ist Mittagspause, danach leitet sie die Entspannungsgruppe, wobei sie trotz dreier prophylaktischer Kaffees gegen das Gähnen kämpft. Den fünften Patienten dieses Tages hat sie nicht selber aufgenommen, sondern von einer Kollegin geerbt, die bis auf Weiteres ausfällt.

Nun sitzt er seit zwanzig Minuten vor ihr und Linda Kiefer schwimmt. Sie hat die Standardfragen gestellt, die der Klinik-Aufnahmebogen vorsieht, nach Schlafqualität, -routinen und

-dauer, nach der Stimmung, dem Appetit, Grübeleien, Substanz-konsum, potenziellen Süchten, aber dieser junge Mann scheint vor allem: erschöpft. Er ist Anfang zwanzig, sportlich, blond, seine Brille mit Tesa geflickt.

Als er ihr Büro betrat, ging sie von einem Fehler aus, einem Missgeschick der Patientendispo, die die Akten etikettiert. Sein Aufkleber war offensichtlich falsch, das Geburtsdatum hätte zwar passen können, aber weder der Name schien richtig noch das „w" für Frauen. Bestimmt hat er sie ihr angesehen, die Irri-tation im ersten Moment, bis es ihr eingefallen war: Die Team-sitzung neulich, besagte Kollegin, die nun bis auf Weiteres aus-fallen wird, ihr *Sie, äh, er,* aufgeregtes Gekicher – Linda Kiefer erinnert sich, weiß Bescheid.

Er berichtet von seiner Transition, dem Warten auf eine Begleit-therapie, dem Jahr vom Beginn der Begleittherapie bis zur Er-laubnis für Testosteron, wie ihn die Spritzen verändert haben, Stimme, Bartwuchs, Muskelkraft, dass er nun fast so aussehe wie er sich fühle und was das für ihn bedeute. Dass er nun noch ein zweites Gutachten brauche, für die rechtliche Transition, die Na-mensänderung im Pass, gegebenenfalls OPs. Er berichtet von Druck und Ausgrenzung, davon, wie ihn das Warten erschöpft. Sein Hausarzt habe ihm geraten, eine Auszeit zu nehmen, mal rauszukommen, und offensichtlich „wohnortfern" im Reha-An-trag vermerkt.

„Und hier", sagt er, „ist es wirklich schön: die Landschaft, die Ruhe, die Sprache." Er lacht. „Die Leute nehmen sich einfach die Zeit, an Wörter auch noch ein -le dranzuhängen." Nur sei Ruhe nicht das, was das Warten beschleunigt. Am schwierigsten sei es abends für ihn, die langen Abende allein, die ihn zum Grübeln verleiten würden, weil sonst kaum was möglich sei.

„Ich weiß!", sagt sie. Und fährt leicht zusammen. Es ist einfach aus ihr herausgerutscht und klang eindeutig zu eifrig. Sie denkt an die Abende in ihrem Zimmer, mobile Daten längst verbraucht, keine Freunde greifbar, nein: gar niemand greifbar, mit dem sie Verbundenheit fühlt.

Plötzlich hätte sie das Bedürfnis, Abende mit ihm durchzuquatschen, von sich zu erzählen, mehr von ihm zu erfahren, von seiner Geschichte, seinem Weg, mit ihm Radler zu trinken, über alles zu lachen – weil sie nicht weiß, was besser hilft. Sie würde ihm gern dieses Angebot machen, aber ahnt, dass Frau Riedle-Schellermann das so gar nicht gutheißen würde. Und so schaut sie auf ihren Aufschrieb zurück und sucht ihre nächste Frage.

Die Frau hinterm Klemmbrett ist kaum älter als er, ein paar Jährchen vielleicht, Mitte zwanzig. Sie ist ihm nicht neu, die Situation, und doch macht sie ihn angespannt, fühlt er sich darin unwohl. Es liegt nicht direkt an Frau Kiefer, denkt er, sie ist ja nicht seine Gutachterin. Und doch sind es diese Stellungnahmen, woran Louis Brugger denken muss, wenn jemand mit einem Klemmbrett dasitzt, intime Dinge von ihm erfragt und auf Formularen ankreuzt. Er wüsste gern mehr über diese Menschen, die über seine Freiheit entscheiden und die er nicht wählen kann.

Er mustert Frau Kiefer, die liest und fragt, ankreuzt, schreibt und liest und fragt, sie hat störrisches Haar und volle Wangen, alles an ihr scheint rundlich. Er mustert die Augen hinter der Brille, groß und grün oder blau, was dazwischen, und er hat das Gefühl, jemand sähe zurück aus einer geordneten Welt. Einem Leben, in dem Standardnormen die sind, die sich schon immer bequem anfühlten, ohne einzuschneiden.

Was weiß Frau Kiefer von rotierenden Körpern, dem Weg einer Transition? Er möchte es ihr verständlich machen, berichtet ihr und Frau Kiefer hört zu, das Klemmbrett sinkt auf den Schoß. Als er nichts weiter zu sagen weiß, sehen sie sich wortlos an. Die Stille ist leicht und in Ordnung.

„Wie schafft man es da, seinen Weg zu gehen, ohne ..." Sie hält inne, scheint etwas zu suchen. „Ohne daran zu verzweifeln."

Er lacht leise. „Man braucht nur eine Insel, allein im weiten Meer ... Wissen Sie, wie's weitergeht?"

Frau Kiefer schüttelte den Kopf.

„Ist von Mascha Kaléko: Man braucht nur eine Insel, allein im weiten Meer. Man braucht nur einen Menschen, den aber braucht man sehr."

Frau Kiefer bleibt ernst, sieht ihn aufrichtig an. „Und Sie haben so einen Menschen?"

Er nickt.

Gegen Abend steht er am offenen Fenster, sieht in die Dämmerung. Der Kiesweg unten führt zum Parkplatz. Dahinter kommt nur noch Wald. Er schaut auf die Bäume, die wartenden Autos.

Raben krächzen.

Sonst ist es still.

Er hat den anderen abgesagt, die heute ins Lindenstüble gehen. Es freut ihn, zu sehen und mitzuerleben, wie sie hier Kraft tanken, aufblühen können, wie sie fernab ihres stressigen Alltags das Lachen wiederentdecken. Wo ginge das besser als hier, denkt er, in dieser Landschaft, der friedlichen Ruhe, an einem Ort, der dazu einlädt, im Kopf ein paar Fenster zu öffnen. Er mag das Zwischenmenschliche hier, das Gemeinschaftsgefühl der Patienten. Er mag, dass die Zeit deutlich schneller verfliegt, wenn man sie zusammen verbringt. Und trotzdem hatte er keine Lust, heute noch unter Leute zu gehen. Er versteht, dass sie viele Fragen haben und dass all das neu und spannend ist, wenn man den ersten Menschen trifft mit weiterem Weg zu sich selbst. Es ist eine wohlwollende Neugier, mit der die meisten ihm hier begegnen – aber auch die strengt ihn an. Weil viele der Fragen persönlichst sind, so intim, dass man sie keinem sonst stellen würde, und weil sie ihn immerzu daran erinnern, eben doch anders zu sein.

Seit seine Stimme durch die Spritzen eine gewöhnliche männliche ist, ist vieles entspannter geworden. Irritierte Blicke sind seltener und nun Situationen vorbehalten, in denen es um seinen Namen geht, den auf den Dokumenten. Seit er hier ist, war das recht häufig der Fall, beim Ankommen an der Rezeption, bei der Pflege-Aufnahme, dem medizinischen Check, dem ersten Gespräch mit Frau Kiefer. Und dann gibt es noch all jene Momente, die auch woanders Probleme machen, Schwimmbäder und Kartenzahlung, Ticketkontrollen, all das.

Es ist eisig geworden. Er schließt das Fenster.

Draußen springt die Laterne an. Leuchtet. Flackert.

Geht aus.

Wieder an.

Die Dämmerung wird immer dunkler.

Unten taucht jemand im Sichtfeld auf, geht mit langsamen Schritten zum Parkplatz. Korpulent und schon etwas älter scheint er, dann erkennt Louis Brugger den Klinikdirekter vom Einführungsvortrag neulich. Er bleibt unter der Laterne stehen, kramt in seiner Manteltasche. Zündet sich eine an. Trotz der Kälte scheint er es nicht eilig zu haben. Steht dort und raucht. In Ruhe. Manchmal fühlt Louis Brugger sich schlecht, weil er so ungeduldig ist. Aber er hat nur dieses Leben und manchmal die Angst, dass die Zeit, die noch bleibt, kürzer ist als man denkt. Er möchte die Welt als er selbst entdecken, mit einer Frau ins Hotel einchecken, ein „Buongiorno Signore", das nicht korrigiert wird, wenn er den Ausweis vorzeigt. Am liebsten würde er ein Semester ins Ausland gehen, unter Leuten sein, für die er nur Louis ist. Er träumt von Bologna, dem Piazza Maggiore, den Straßencafés. Ja, denkt er, setzt sich aufs Klinikbett. Bologna wäre perfekt.

Heribert Heck tritt den Glimmstängel aus.

Und zündet sich noch einen an.

Das funzelige Laternenlicht ist zu klein für diesen Parkplatz – selbst wenn es funktionieren würde, nicht ständig flackerte, ausging. Da sollten sie mal investieren. Überhaupt würde sich vieles lohnen. Sein Herz hängt an diesen alten Gemäuern, ihrer Geschichte, Tradition, den modern verglasten Verbindungsgebäuden aus den jüngeren Jahren. Alles hier ist familiär, im Kollegium, mit und unter Patienten, das wissen die meisten zu schätzen. Mit Sorge sieht er, wie andere Kliniken ihrer Größe schließen mussten. Kreißsäle gibt's hier schon lang keine mehr. Und andere Abteilungen sind bereits angezählt. Konzerne kaufen ganze Häuser, nur um sie dann aufzulassen, oder, wie es oft heißt: zu „verlegen." Der Strukturwandel zielt auf Versorgungszentren, riesige Kliniken in den Städten, anonym und für die Bevölkerung hier mit langen Anfahrtswegen. Er hofft, dass seine Klinik bleibt, es schafft, trotz der Probleme. Auch was die eigene Nachfolge angeht, ist bislang niemand in Sicht. Es ist Januar 2020. Heribert Heck ist 64 und fest entschlossen, weiterzumachen, bis seine Nachfolge steht.

In China soll es ein Virus geben, an dem reihenweise Menschen erkranken – aber das ist weit weg. Er weiß von Kliniken in der Region, die den Existenzkampf verloren haben, Spaichingen wurde soeben geschlossen, Riedlingen kommt als nächstes. Er weiß noch nicht, dass auch Bad Waldsee bald ums Fortbestehen ringt, Pfullendorf, Geislingen und Bad Saulgau das Ringen verlieren werden.

Er schnippt die glimmende Kippe zu Boden. Tritt sie knirschend im Kies aus. Dann hebt er die Stummel auf, steckt sie ein, um sie zu entsorgen.

Und da ist noch etwas, das er nicht weiß. Etwas, das auf sein Gewebe drückt und sich anfühlt wie Rückenschmerzen. Dass dieses Etwas stetig wächst, und das schon seit längerer Zeit. Dass es bald entdeckt werden sollte, um noch Chancen auf Heilung zu haben. Dass es nur noch Wochen sind, die Heribert Heck dafür bleiben.

Er hat den flackernden Kegel verlassen, geht langsamen Schrittes zum Auto. Gleich wird er die Türen des Wagens entriegeln und sich auf den Sitz sinken lassen, den Mantel öffnen, Musik anschalten und warm umhüllt in die Dunkelheit rollen. Dann hört er es nicht mehr, das surrende Flackern, den Wind, der über den Parkplatz pfeift, sieht sie nicht mehr, die Laterne, die darin zu kämpfen scheint.

Leuchtet.

Flackert.

Aus.

Wieder an.

Diese Nacht wird sie noch halten.

Drei Briefe

Kerstin Herzog

Auf dem Hotelbett liegen Stirnlampen, Dietriche, Taschenlampen. Und der Lageplan. Nova packt ihren Rucksack. Friedrich prüft sein Smartphone. Alle Balken schwarz. Es kann losgehen. Über steile Treppenabgänge gelangen sie in den Keller des Hotels. „Dort hinten muss der Zugang sein", flüstert Friedrich Nova zu. Leise räumen sie die vor einer Stahltür gelagerten Kartons beiseite. Nova wühlt in ihrem Rucksack nach einem Dietrich. Die Tür lässt sich nur schwer öffnen und sie benötigt mehrere Anläufe. Als sie die wuchtige Pforte gemeinsam aufziehen, schlägt ihnen modrige Luft entgegen. Dahinter gähnt ein dunkles Loch. Nova versteckt ihre blonden Haare unter einer Mütze und schaltet die Stirnlampe ein. Im Lichtkegel erstreckt sich vor ihnen ein Backsteingewölbe. Linkerhand hängen zwei alte Stechuhren. Am Ende kann Nova ein eisernes Geländer erkennen, das in die Tiefe führt.

Unerwartet fällt in den Fluren hinter ihnen eine Tür ins Schloss. Erschrocken zieht sie Friedrich in das Gewölbe und schließt die Stahltür hinter sich.

„Hoffentlich hat uns keiner gesehen", flüstert Nova. Friedrich geht vorsichtig, immer auf den Boden achtend, los. Über die Wendeltreppe steigen sie tiefer in das Untergeschoss ein, bis sie in einer Halle voller stillgelegter Maschinen stehen. Mächtige Rohrsysteme laufen über ihnen an der Decke entlang.

„Der Keller der alten Kammgarnspinnerei", stellt Friedrich zufrieden fest. „Sie war von 1836 bis 2002 in Betrieb. Jetzt haben sie oben ein Hotel in die alten Fassaden gebaut und die Maschinen aus der Spinnerei und Weberei hier gelagert, wie es aussieht." Nova fotografiert mit ihrem Smartphone Walzen, Rohre und Stahlnadeln. Jeder ihrer Schritte hallt unnatürlich laut durch den Maschinenraum. Sie bewegen sich langsam durch die große Halle in weitere Gewölbe. Friedrich entfaltet den Lageplan, eine Kopie aus einem Museum.

„Vorne rechts geht die Treppe ab, so kommen wir in die unterste Etage." Nova nickt. Vorsichtig steigen sie über herumliegenden Schutt Richtung Treppe, als sie hinter sich ein Klirren hören. Es kommt aus der großen Maschinenhalle. Beide schalten entsetzt ihre Stirnlampen aus und verharren leise im Dunkeln. Nova spürt die Wärme von Friedrichs Körper neben sich. Dann hören beide Schritte in der Maschinenhalle. Sie sind nicht allein. Friedrich fasst Novas Hand und schaltet eine Taschenlampe an. Gemeinsam hasten sie die Treppe hinunter. Unten angekommen zeigt Nova auf einen engen Tunnel, der vom Raum abgeht. Sie laufen hintereinander, Friedrich muss den Kopf einziehen, so niedrig wird der Gang. Nach einer Abzweigung entdecken sie mehrere Holztüren. Schnell zieht er Nova in einen der dahinter liegenden Räume. Im Schein der Lampe erkennen sie umgeworfene Holzstühle, Holztische und an den Wänden halb offene Schränke.

„Ein Aufenthaltsraum", murmelt Nova.

„Wir gehen in die Schränke", Friedrich deutet auf zwei, deren Türen nur angelehnt sind. Keine Sekunde zu spät verschwinden die beiden darin. Draußen hören sie, wie jemand die anderen Holztüren öffnet und wieder zuschlägt. Die Tür zu ihrem Raum wird geöffnet. Nova hält die Luft an. Ein Lichtstrahl dringt zu ihr durch die Ritzen, verschwindet und tastet sich durch den Raum. Es ist totenstill. Dann wird die Tür wieder zugeworfen. Trotzdem bewegt sich Nova lange Zeit nicht. Sie steht unbequem auf etwas Weichem. Auch Friedrich scheint abzuwarten.

„Kannst rauskommen", hört sie ihn Minuten später mit gedämpfter Stimme sagen. Nova setzt sich auf einen der Stühle: „Wer kann das sein? Sicherheitspersonal?"

„Glaube nicht, vielleicht ein anderer aus der Szene. Oder ein Geist."

Nova verzieht das Gesicht, der Schock sitzt ihr in den Knochen. Nova, Geografiestudentin und Pizzafahrerin, erinnert sich, wie sie vor drei Jahren über Friedrichs Blog zur Urbexer-Szene kam. Damals hieß sein Blog *Moderne Ruinen*. Seine Fotos strahlten eine Melancholie aus, die Nova faszinierte. Sie schrieb ihn an. Zwei Wochen später trafen sie sich in Friedrichs „Space" auf dem Gelände eines alten Gaswerkes in Augsburg. Nebenan probte lautstark eine Punkband. Völlig unbeeindruckt von dem Lärm, der durch Wände drang, saß Friedrich inmitten seiner Bildschirme, Fotoapparate und Lötkolben. Er bot Nova einen Stuhl und eine Cola an. Sein Geld verdiene er als Programmierer, erzählte er Nova, aber seine eigentliche Leidenschaft seien verlassene Häuser und Industrieanlagen. Es gebe eine Gemeinschaft von Leuten, die sich für diese neuen Ruinen interessiert, sie nennen sich Urbexer. Natürlich hinterließen Urbexer die Orte, die sie finden, möglichst so, wie sie die vorgefunden haben. Man nehme nichts mit. Irgendjemandem gehört das Objekt, das wäre Diebstahl. Hausfriedensbruch sei es sowieso. Man bewege sich am Rande der Kriminalität. Friedrichs braune Augen fingen an zu leuchten, erinnert sich Nova, und in ihr entflammte Neugierde für ihn und sein Hobby.

Wenige Wochen später gründeten sie den Blog *AtomicX* und zogen zusammen los auf der Suche nach verlassenen Orten. Das unter dem schicken Hotel im Textilviertel die alten Anlagen der Kammgarnspinnerei verborgen waren, erfuhr Nova durch Zufall über einen Kommilitonen.

Versonnen beobachtet sie Friedrich, der eine alte Kaffeetasse auf dem staubbedeckten Tisch fotografiert. Schließlich steht sie mit einem Ruck auf und öffnet den Schrank erneut. Auf dem Boden liegt eine Ledertasche. Nova atmet hörbar aus. Darauf war sie gestanden. Sie hebt die braune Tasche vorsichtig auf, legt sie auf den Tisch und öffnet sie. Im Inneren befinden sich Dienstpläne, Mitarbeiterlisten, Briefe und ein vergilbtes Foto mit gezackten Rändern. Es zeigt ein etwa zehnjähriges blondes Mädchen auf einer Wiese. Im Hintergrund ist ein Backsteinhaus zu erkennen. Auf der Rückseite steht mit Bleistift „Maria Moser, Sommer 1920, Augsburg". Nova und Friedrich fotografieren alles akribisch ab. Zwei Briefe stammen von Maria und sind an eine Frau namens Helene Schneider in Augsburg gerichtet. Die Schrift ist krakelig, wie von einem Kind, das die Schule nur selten von innen gesehen hat. Ein anderer Brief ist von einem Josef Gruber aus Ravensburg und ebenfalls an Helene Schneider gerichtet.

Zwanzig Minuten später verlassen Nova und Friedrich vorsichtig den Raum und treten den Rückweg durch das verzweigte Tunnelsystem an. Nova beschleicht ein Gefühl, als ob jemand nahe hinter ihr her gleitet. Ihre Nackenhaare stellen sich auf und sie dreht sich abrupt herum. Die Stirnlampe leuchtet verlassene Gänge aus. Nichts bewegt sich. Tote Räume.

„Ist was?" Friedrich bleibt stehen und sieht sie fragend an. Nova schüttelt den Kopf.

„Es ist nur so ein Gefühl", flüstert sie „als wären wir hier nicht alleine, als wäre jemand hinter mir gewesen."

Friedrich runzelt die Stirn und winkt sie mit der Hand weiter.

Zurück im Space sichten sie ihre Fotos. Die Briefe interessieren Nova besonders. Der erste Brief Marias datiert vom 24. Oktober 1920. Sie schreibt an die „Werte Frau Schneider". Diese solle, wenn es möglich wäre, Marias Eltern in Österreich Bescheid geben. Sie selber habe keine Möglichkeit, ihre Eltern zu kontaktieren, denn der Bauer Pfauz habe sie, Maria, hier im Kinderheim abgegeben. Ohne Geld und die versprochene zweite Garnitur. Die Eltern in Österreich sollten unbedingt verständigt werden und Maria von diesem schrecklichen Ort weg und nach Hause holen. Leider wisse sie die Adresse ihrer Eltern nicht genau, aber der nächste größere Ort sei Prutz.

Mit Mühe entziffert Nova die verblasste, ungelenke Schrift Marias.

Friedrich hat sich in den *AtomicX-Blog* eingeloggt und schreibt einen Text über die Spinnerei. Die feinen Linien um seinen Mund verstärken sich, wie immer, wenn er konzentriert ist. Als er fertig ist, ploppen am unteren rechten Rand Nachrichten auf. Eine davon lautet „Schau dir *Solaris* an." Friedrich klickt sich auf *Solaris*. Ein Urbexer-Blog von einem gewissen Carlo Riviera. Nie gehört. Es erscheint ein Foto aus einem unterirdischen Tunnelsystem, in dem zwei verschwommene Gestalten hinter einer offenen Holztür verschwinden. Friedrich starrt das Foto an, Nova ist hinter ihn getreten und hält sich die Hand vor den Mund. Beide erkennen sich sofort.

„Er hat gewusst in welchem Raum wir uns befinden", wispert Nova fassungslos.

„Wer zur Hölle soll Carlo Riviera sein?"

„Woher wusste er, dass wir da unten sind?"

„Keine Ahnung", murmelt Friedrich, „Ich schätze, es war Zufall." Seine Finger hacken auf die Tastatur ein.

„Ich bekomme raus, wer der Typ ist. Niemand kann sich im Netz verstecken, schon gar nicht mit einem Blog", knurrt Friedrich wütend.

Nova schüttelt es bei dem Gedanken, dass der Fremde direkt hinter ihr war. Ihr Gefühl hat sie also nicht getäuscht. Zur Ablenkung setzt sie sich erneut an den Rechner und sichtet den zweiten Brief von Maria Moser an Helene Schneider. Er wurde im April 1921 geschrieben, Maria saß da immer noch im Kinderheim fest. Doch inzwischen hatten die beiden sich getroffen. Vermutlich versuchte Helene Schneider, eine Adresse oder einen anderen brauchbaren Hinweis auf den Herkunftsort Marias zu erhalten, um ihre Eltern zu finden. In diesem Brief schickte das Mädchen das Foto mit.

„Für den Schwabengeher" hieß es in dem Schreiben an Helene Schneider.

„Schwabengeher", wundert sich Nova. „Was für ein Wort."

„Kennst du Schwabengeher?", wendet sie sich an Friedrich, der nicht antwortet, sondern angespannt in seinen Rechner starrt.

„Hallo?"

Irritiert blickt er von seinem Computer auf.

„Hast du schon mal etwas von Schwabengehern gehört?", wiederholt Nova ihre Frage.

„Ja, in der Schule. Schwabengeher brachten Kinder aus Vorarlberg, Tirol und der Schweiz, über die Alpen zu Kindermärkten in Ravensburg und Friedrichshafen. Das waren Kinder armer Bergbauern. Die zogen im Frühjahr über die verschneiten Pässe nach Schwaben. Ich glaube, es waren sogar Vier- und Fünfjährige dabei. Die Größeren wurden dann für die Feldarbeit, die Mädchen zur Hausarbeit und die Kleinen zum Ziegen hüten eingesetzt. Dafür erhielten sie Unterkunft, Essen und eine zweite Garnitur Kleidung als Lohn. Billige Arbeitskräfte eben. Die leiblichen Eltern der Kinder hatten meist nicht genügend Geld ihre eigenen Kinder zu ernähren, so arm waren sie. Im Herbst brachte der Schwabengeher die Kinder zurück nach Hause. Die Kinder nannte man Schwabenkinder. Soweit ich mich an den Unterricht erinnere, gingen diese Kinder, während sie in Schwaben waren, auch nicht zur Schule. Aber die Kinder der Bauern, bei denen sie arbeiteten, besuchten Schulen. Arm und reich eben."

Dazu passte der dritte Brief, der von Josef Gruber aus Ravensburg an Helene Schneider adressiert war. Er konnte sich an die kleine Maria erinnern. Sie kam bei Schnee und Eis kaum über den Pass. Beide Eltern waren bettelarm. Er machte Helene deshalb wenig Hoffnung, dass sie ihr Kind zurückholen würden. Maria und ihre Eltern stammten aus dem Kaunertal, der Gegend um Prutz herum. Josef Gruber war also der Schwabengeher, vermutet Nova.

„Ich will wissen, was aus Maria Moser geworden ist", verkündet sie laut. Friedrich schrickt zusammen und murmelt ein „Mmmhh". Nova sichtet Fotos vom Aufenthaltsraum. Die Unterlagen aus der braunen Ledertasche bringen sie nicht weiter. Es handelt sich um Schicht- und Einsatzpläne im Maschinenraum. Eine Liste enthält Namen mit Adressen. Kein Schneider dabei. Die braune Ledertasche ist eine Männertasche. Wie kamen die Briefe hinein und warum hat man sie vergessen? Schließlich entdeckt sie auf einem von Friedrichs Fotos am rechten Innenrand der Tasche einen verblassten Namen, den jemand mit Tinte auf das Leder geschrieben hat. Paul Schneider. Paul und Helene. Ein Ehepaar, Mutter und Sohn? Das Netz spuckt nichts Brauchbares aus. Nach langer Suche gibt Nova auf.

„Ich recherchiere morgen weiter", erklärt sie müde. Friedrich nickt abwesend.

„Hast du ihn gefunden? Diesen Carlo Riviera?", fragt Nova.

„Es gibt kein Bild, ein Urbexer, vermutlich um die zwanzig. Seinen Blog hat er seit einem Jahr". Friedrich lehnt sich zurück und reibt die Augen.

Am nächsten Vormittag sitzt Nova in einer Vorlesung, als ihr Smartphone vibriert. Friedrich schreibt: „Komm ins Space". Nach der Vorlesung trifft sie sich in der Mensa mit Alex, Mia und Laura. Mia bringt einen Kommilitonen mit und stellt ihn als Hugo vor. Er fragt Nova, ob er sich neben sie setzen darf. Nova nickt. Hugo erkundigt sich nach Novas Studiengang und erzählt, dass er Physik studiert. Nova fallen seine leise Stimme und seine Höflichkeit auf. Während er spricht, sortiert er mit dem Besteck das Essen auf dem Teller. Links oben das Gemüse, rechts unten den Reis, und den Salat drapiert er vorsichtig oben. Amüsiert beobachtet Nova, wie Hugo imaginäre Grenzlinien zwischen den Essenskomponenten zieht. Er ist dünn, und manchmal schaut er ihr scheu ins Gesicht, doch die meiste Zeit ist er mit der Anordnung seines Essens beschäftigt. Inzwischen erzählt Nova den anderen die Geschichte Marias und der Suche nach Paul Schneider.

Mia meint: „Ich würde es über das Einwohnermeldeamt probieren. Die geben Auskunft."

Ihr Smartphone vibriert erneut. Nova springt auf und verabschiedet sich. An Hugo gewandt wirft sie ein leichtes „Vielleicht sieht man sich ja mal wieder" hin. Es ist das erste Mal, dass er sie voll ansieht. Sie bemerkt seine eisblauen Augen.

„Ja vielleicht", antwortet er. Es klingt enttäuscht. Nova stockt in ihrem Schritt, aber er hat sich bereits abgewendet.

Im Space erwartet sie ein rauchender Friedrich. Das macht er nur in Momenten höchster Belastung, weiß Nova.

„Sieh dir das an!", fordert er sie auf. Nova erkennt auf dem Bildschirm den Blog *Solaris*.

„Das ist der neueste Eintrag." Friedrich zeigt auf mehrere Fotos, die über dem Bild ihrer unscharfen Gestalten aus der Fabrik prangen. Es sind die zwei Briefe von Maria und ihr Foto. Mit der Textzeile: *Wer weiß etwas über Maria Moser?*

„Er war dort und hat die Briefe fotografiert. Vermutlich ist er ebenso wie wir an der Geschichte dran. Oder er ist hinter uns her", stellt Nova mit leiser Stimme fest. Sie setzt sich auf einen der Drehstühle.

„Vielleicht ist er kein Urbexer, sondern jemand, der Leute, wie uns jagt", gibt Friedrich zu bedenken.

„Es ist eine unheimliche Situation. Vermutlich war der Typ in einem der Gänge da unten direkt hinter mir. Und er hat gewusst, wo wir uns verstecken. Das sagt doch viel aus über ihn, oder? Keine direkte Konfrontation, aber er versucht, uns einzuschüchtern. In dem Raum waren nur die Briefe interessant. Wenn er uns verfolgt hat, wird er sich ausrechnen können, dass wir an der

Geschichte dran sind. Wenn er uns anzeigen wollte, wäre das schon längst geschehen. Über den Blog hätte man uns finden können. Das ist es nicht. Der Typ will etwas anderes."

Friedrich nickt. „Ich versuche seinen Klarnamen herauszufinden."

Nova sieht ihm eine Weile zu, wie er Codes in den Rechner hackt.

Um die Gedankenspirale zu durchbrechen, beschließt Nova sich weiter um Helene und Paul Schneider zu kümmern. Sie findet heraus, dass das 1892 errichtete Proviantbachquartier 1910 aus 21 Häusern mit 300 Werkswohnungen bestand. Es gab eine Metzgerei, ein Altenheim, ein Lebensmittelgeschäft und einen Turn- und Spielplatz. „Wahrscheinlich haben die beiden im Proviantbachquartier oder Kammgarnquartier gewohnt, wenn sie in der Spinnerei gearbeitet haben", ruft Nova Friedrich zu, „Die Chefs der Augsburger Kammgarnspinnerei haben sich um ihre Arbeiter gekümmert."

„Wirklich?", Friedrich lächelt sie nachsichtig an, „Ich fürchte, so uneigennützig waren die Fabrikanten nicht. Die haben die Arbeiter mit den Wohnungen an sich gebunden, soweit ich weiß. Die durften keiner anderen Arbeit nachgehen, auch die Frauen und Kinder nicht. So entstanden Generationen von treuen Spinnerei- und Weberei-Arbeitern. Und du darfst die angrenzende ehemalige Weberei mit ihren Shedhallen nicht vergessen. Da war es ähnlich."

Nova sucht die Mietordnung im Netz. Und tatsächlich, war den Familienmitgliedern verboten in einer anderen Fabrik zu arbeiten, ansonsten durften sie nicht in der Firmenwohnung leben. In der Mansarde gab es Zwei-Zimmer-Wohnungen ohne Küche und im Parterre Fünf-Zimmer-Wohnungen. Nova klickt sich durch das Netz.

„Friedrich, die Briefe sind alt. Aber die Fabrik wurde erst 2002 geschlossen. Paul Schneider hat wahrscheinlich bis zuletzt dort gearbeitet. Helene Schneider ist demnach seine Mutter oder Oma. Aber er könnte im Proviantbachquartier wohnen und alte Menschen haben meist eine Festnetznummer."

Sie hat Glück. Zwei Tage später klingeln die beiden bei Paul Schneider im Proviantbachquartier. Nova hat die Fotos der braunen Ledertasche, der Briefe und Marias Bild ausgedruckt. Ein etwa 75-jähriger schmaler Mann öffnet ihnen die Tür.

„Guten Tag, Herr Schneider. Ich bin Nova und das hier ist Friedrich. Ich hatte gestern bei Ihnen angerufen wegen Maria Moser und den Briefen, die wir gefunden haben."

Paul Schneider nickt freundlich und bittet sie mit einer Handbewegung herein: „Genau. Kommen Sie. Ich habe Sie erwartet."

Später, bei Gebäck und Tee, holt Nova die Fotos hervor. Paul Schneider behält sie lange in den Händen. Dann fängt er an zu erzählen.

Seine Eltern arbeiteten in der Textilfabrik, wie schon seine Großeltern zuvor. Helene war Paul Schneiders Großmutter. Sie arbeitete nur halbtags in der Fabrik und half ab und an einem Kinderheim aus. Das war in der Fabrik nicht gerne gesehen, deswegen behielt sie es für sich. Im Heim lernte sie Maria kennen. Das Mädchen aus den Briefen. Maria Moser aus Österreich. Sie war ein Schwabenkind und wurde auf dem Kindermarkt in Ravensburg an den Bauern Pfauz aus Todtenweis vermittelt. Sie sollte Ziegen hüten.

Aus irgendeinem Grund brachte der Bauer Maria im Herbst nicht zurück zum Schwabengeher, sondern ins Kinderheim. Helene Schneider fuhr damals sogar höchstpersönlich mit ihrem Mann Rudolf zu dem Bauern. Der ließ sie nicht auf den Hof, stattdessen hetzte er Hunde auf die Schneiders. Helene vermutete, dass der Bauer zu geizig war, Maria die ausgemachte zweite Garnitur Kleidung als Bezahlung zu geben. Vielleicht war ihm auch der erneute Weg nach Ravensburg zum Kindermarkt zu weit. Dort wartete der Schwabengeher, um die Kinder zurück über die Alpen nach Hause zu bringen.

Den dritten Brief hatte Nova richtigerweise dem Schwabengeher zugeordnet. Helene und ihr Mann fanden nicht heraus, woher Maria genau kam und was aus ihren Eltern geworden war. Helene hielt aber Kontakt zu Maria im Kinderheim und nachdem auch im folgenden Jahr keine Nachrichten oder Suchanfragen aus Österreich kamen, beschlossen Helene und Rudolf das Mädchen zu sich zu nehmen. Die beiden hatten noch eine eigene Tochter: Elisabeth, Pauls Mutter. Die Kinder waren im gleichen Alter. Später, als junges Mädchen, machte sich Maria auf die Suche nach ihren leiblichen Eltern in Österreich. Sie wurde 1939 vom Ausbruch des Krieges überrascht und flüchtete in die Schweiz. Dort erhielt sie eine Anstellung als Dienstmädchen. Aus Gstaad schickte sie Briefe und Geld an Schneiders.

Nach dem Krieg kam sie wieder. Allerdings nur auf Besuch. Sie fuhr in einem schicken Cabriolet vor und lud Schneiders ins Hotel Drei Mohren zum Essen ein. Maria hatte einen reichen Amerikaner geheiratet. Der Kontakt brach in den folgenden Jahren nie ab. Maria bekam zwei Kinder und lebte glücklich mit ihrem Mann zusammen in Kalifornien. Ihre leiblichen Eltern fand sie aber nie.

Paul Schneider nickt versonnen und holt eine Kiste mit alten Fotografien hervor, die er Nova und Friedrich zeigt. Fotos von Maria, ihrem Mann, den zwei Kindern und einem Hund. Maria in Ägypten, Maria auf einem Pferd, Maria am Pool. Immer lachend.

„Sie ist 1985 in Los Angeles gestorben. Sie besaßen dort eine Villa, sie und ihr Mann. Ich glaube, sie hatte viel Glück in ihrem Leben. Obwohl es so freudlos begann. Sie hat ihre Heimat verloren und eine Neue gefunden. Erst hier bei uns in Augsburg und dann mit ihrem Mann in Los Angeles."

Schneider lächelt seine beiden Besucher an.

„Wieso haben Sie die Ledertasche in der Fabrik vergessen?", forscht Nova nach.

Paul Schneider winkt ab: „Es waren wilde Zeiten, als die Fabrik geschlossen wurde. Ich dachte, in der Tasche seien nur Dienstpläne. Und wir waren sehr wütend damals. Wir haben die Räume so verlassen, als würden wir am nächsten Tag wiederkehren. Absichtlich." Er überlegt eine Weile. „Ich glaube, ich wollte die Briefe einem Kollegen zeigen, dessen Großonkel Schwabengeher war. Aber was zur Hölle hattet ihr da unten verloren? Die alten Räume sind doch verschlossen, seitdem das Hotel eröffnet wurde, oder?" Nova und Friedrich sehen sich einen Augenblick unschlüssig an. Dann erzählt Friedrich Paul Schneider von der Urbexer-Szene, seinem und Novas Hobby verlassene Orte zu suchen und zu fotografieren, ihrem Blog und der Faszination, die diese verlassenen Plätze auf ihn und Nova ausüben.

Als Friedrich und Nova sich auf der Straße vor Paul Schneiders Haus voneinander verabschieden, fällt Nova ein weißer BMW auf, der langsam vorbeifährt. Schemenhaft erkennt sie die Umrisse des Fahrers. Ein dünner Mensch mit Baseballcap sitzt am Steuer und für Sekundenbruchteile spiegelt sich die Sonne in einer Kameralinse am Fenster des Autos.

„Der hat uns fotografiert."

Friedrich starrt dem Wagen hinterher und murmelt die Autonummer vor sich hin. Nova zieht aus ihrem Rucksack Kugelschreiber und Papier. Es ist ein Augsburger Kennzeichen.

Als Nova am nächsten Tag ins Space kommt, deutet Friedrich auf den Bildschirm. „Heute Nacht auf *Solaris* hochgeladen."

Nova sieht ein Foto von Paul Schneiders Haus mit dem Text *„Klärt sich Maria Mosers Schicksal hier auf?"*

Nova sieht Friedrich fragend an: „Hast du was über das Kennzeichen rausgefunden?"

„Ja. Ich habe was rausgefunden. Frag nicht wie. Das Auto ist auf einen Herrmann Pfauz zugelassen, wohnhaft in Todtenweis."

„Todtenweis?", fragt Nova aufgeregt.

Friedrich nickt: „Dort war doch die Maria, oder?"

„Die war bei dem Bauern Pfauz in Todtenweis. Das war der, der sie dann ins Kinderheim gebracht hat."

Friedrich packt seinen Rucksack. „Wir fahren da jetzt hin."

In Novas Pizzalieferwagen fahren sie Richtung Norden aus der Stadt. Nach dem Gersthofer Gewerbegebiet wird die Gegend ländlicher. Eine halbe Stunde später erreichen sie Todtenweis. Die Dorfstraße liegt leer vor ihnen. Keine Menschenseele ist zu sehen.

„Hast du die Adresse?" Nova versucht, im Vorbeifahren Straßenschilder zu lesen.

„Wiesenweg 7." Friedrich schaltet sein Navigationsgerät ein, „Vorne links müsste es sein."

„Willst du klingeln?"

Friedrich nickt: „Ja." Sein Gesicht wirkt angespannt.

Als sie vor dem Haus stehen, entdeckt Nova ein weiteres Schild. „Autovermietung Pfauz".

Eine Weile starren beide das goldfarbene Schild mit der schwungvollen schwarzen Schrift an. Friedrich fängt sich als Erster. Entschlossen drückt er den Klingelknopf.

Nichts rührt sich. Er klingelt nochmal. Am Nachbarhaus bewegt sich eine Gardine. Im Gebäude vor ihnen bleibt alles still.

Nova klingelt erneut. Beide sehen auf das graue Haus mit der Nummer 7, die beigen Gardinen und die geschlossene Eingangstür.

„Lass uns verschwinden", resigniert Nova und zupft an Friedrichs Ärmel.

Plötzlich öffnet sich die Eingangstür. Eine dünne Gestalt steht im Türrahmen, schwarze Hose, schwarze Kapuzenjacke, bleiches Gesicht. Nova kneift die Augen zusammen. Dann erkennt sie Hugo. Hugo, der sein Essen auf dem Teller sortiert.

„Hallo Hugo, was machst du hier?"

„Das Gleiche könnte ich dich fragen."

„Wir wollten zu Herrn Pfauz. Autovermietung Pfauz", antwortet Nova irritiert.

„Eigentlich sind wir auf der Suche nach einem Bauern Pfauz aus Todtenweis oder seinen Kindern oder Enkeln. Wir recherchieren die Geschichte über ein ehemaliges Schwabenkind", fügt Friedrich erklärend hinzu.

„Ich bin Hugo Pfauz", sein kühler Blick streift Friedrich. „Carlo Hugo Pfauz."

„Ach ...", Nova verschlägt es die Sprache, Friedrich strafft seinen Oberkörper.

„Carlo Riviera", stellt Friedrich fest. Hugo steht bewegungslos in der Tür und mustert beide interessiert. In der Art, wie ein Insektenforscher einen erstaunlichen, aber nicht sensationellen Fund betrachten würde.

„Du hast uns nachspioniert!", sagt Nova. Ihre Stimme kiekst vor Aufregung.

Hugo verzieht seinen Mund: „Bitte?"

„Du bist im Keller der Kammgarnspinnerei gewesen, hast uns fotografiert und das Bild auf deinen Blog gestellt!"

Hugo lächelt Nova an: „Das seid ihr gewesen? Okay, das wusste ich nicht."

„Und die zwei Briefe mit dem Bild von Maria Moser, die du als nächstes hochgeladen hast? Soll das auch Zufall gewesen sein?" Friedrichs Stimme ist gefährlich leise.

Hugo zuckt mit den Schultern: „Das war das einzig interessante Bildmaterial aus dem Keller, abgesehen von den alten Maschinen. Außerdem war der Name Pfauz erwähnt. Das hat mich interessiert."

Nova bleibt skeptisch: „Du hast uns vor dem Haus von Paul Schneider fotografiert. Sonst wären wir nicht hier. Und auf deinem Blog stand doch sowas wie: ‚Klärt sich hier Marias Schicksal auf'".

Hugo lächelt Nova erneut an: „Das ist nur in deinem Kopf, Nova. Ich habe niemanden fotografiert und das Haus, ist irgendein Haus im Proviantbachquartier. Es ist naheliegend, dass Helene Schneider im Proviantbachviertel gewohnt hat. Deswegen habe ich ein Haus fotografiert und hochgeladen. Nichts sonst." Sein Lächeln ist offener, regelrecht herzlich geworden.

„Aber wir haben dich in deinem Auto vor Paul Schneiders Haus gesehen und deine Nummer aufgeschrieben", versucht es Nova erneut.

„Zufälle gibt es häufiger, als die meisten Menschen glauben, Nova. Habt ihr mich denn wirklich gesehen oder stellt nur dein Kopf einen Zusammenhang her, wo keiner ist? Ich jedenfalls habe euch nicht gesehen und nur ein Haus im Textilviertel fotografiert." Sein Gesicht nimmt einen vergnügten Ausdruck an.

„Sind Bauer Pfauz aus Marias Briefen und du verwandt?" Friedrich versucht, dem Gespräch eine andere Wendung zu geben. Gleichzeitig fasst er Novas Hand und drückt sie kurz. Mit einem schnellen Blick erfasst Hugo die kleine Geste. Er tritt einen Schritt zurück und verschränkt die Arme vor seinem Körper.

„Wahrscheinlich. Aber es gibt den Namen hier häufiger in der Gegend. Mein Urgroßonkel hatte Schwabenkinder in der Landwirtschaft. Ob Maria dazu gehörte, weiß ich nicht. Es gibt keine Unterlagen darüber." Mit ausdruckslosem Blick sieht Hugo an Nova vorbei auf die Straße. Schweigen entsteht.

„Wir waren wohl zufällig an der gleichen Geschichte dran", versucht Nova einen neuen Ansatzpunkt zu finden. Hugo zuckt mit den Schultern und wirft einen schnellen Blick auf Nova.

„Nova, komm, wir sind fertig hier." Feindselig wendet sich Friedrich an Hugo: „Vielen Dank auch, Freundchen, aber du kannst wetten, dass ich dir kein Wort von deiner Geschichte glaube."

„Spielt das eine Rolle?" Hugo sieht Nova jetzt unverwandt an. Verwirrt weicht sie einen Schritt zurück. Friedrich zieht an ihrer Hand. Schließlich stolpert sie hinter ihm her. Als sie einen letzten

Blick zurückwirft, steht Hugo noch immer in der Tür. Seine Gestalt wirkt plötzlich zusammengesunken, als hätte er grenzenloses Leid erfahren.

Als sie im Auto sitzen, fragt Nova: „Er hat gelogen? Oder haben wir uns so getäuscht? Ich bin vollkommen verwirrt."

Friedrich nickt: „Sagen wir mal so, vermutlich war die Begegnung unten im Maschinenraum der Kammgarnspinnerei Zufall. Damit hat er recht. Aber er hat uns verfolgt und fotografiert. Er hat natürlich wissentlich mit unserer Angst gespielt. Allein die Fotos auf seinem Blog haben gezeigt, dass er wusste, wo wir uns verstecken. Und wie nah er uns gewesen ist. Über meinen Post über die Kammgarnspinnerei haben mich Follower auf seinen Blog aufmerksam gemacht. Sonst hätten wir ja gar nichts gewusst von *Solaris*. Aber es wird umgekehrt auch so gewesen sein. Er wurde sicher auf unseren Blog aufmerksam gemacht. Von da an wusste er, wen er fotografiert hatte. Unsere Namen stehen im Impressum."

„Als nächstes hat er die Briefe und das Foto von Maria hochgeladen", erinnert sich Nova.

„Da hat er recht, das waren die interessantesten Dinge in dem Raum. Er wird den Raum später durchforstet haben. Natürlich sind ihm die Briefe aufgefallen, auch wegen des gleichen Familiennamens Pfauz. Das ist eine unschöne Mischung. Der Raum war für ihn interessant, weil wir uns dort versteckt haben. Später findet er dem Raum zufällig einen Brief, der auf seinen Urgroßonkel hinweisen könnte. Der ja, wie wir wissen, ein unfreundlicher Mensch gewesen sein muss. Jedenfalls blogt er die Briefe und das Foto, vermutlich aus Provokation. Woher kennst du diesen Hugo eigentlich?"

„Von der Uni. Er saß neulich in der Mensa neben mir. Zusammen mit Alex, Mia und Laura. Er studiert Physik. Aber was ist mit dem Auto, als wir vor Paul Schneiders Haus standen. Soll ich da an Zufall glauben, Friedrich?"

„Ah okay. Von der Uni also. Ja, das ist in der Tat bisschen schwierig nachzuvollziehen. Vielleicht mit der Theorie, dass er uns verfolgt hat. Hast du ihn vorher schon mal an der Uni gesehen?"

„Nein, nie.", überlegt Nova. „Aber jetzt fällt mir ein, dass ich da an dem Tisch den anderen über meine Suche nach Paul Schneider berichtet habe. Und er saß die ganze Zeit neben mir!" Nova schlägt sich mit der Hand an die Stirn. „Da wusste er ja schon, wer ich bin."

„Vermutlich. Wir werden es nicht nachweisen können, aber dass er uns vor Paul Schneiders Haus fotografiert hat, ist sicher kein Zufall. Ab irgendeinem Zeitpunkt hat er uns verfolgt."

„Wie unschön." Nova schüttelt sich und startet das Auto, „Meinst du, er verfolgt uns weiter?"

„Ich hoffe nicht, Nova. Vermutlich war es eine Art Spiel für ihn. Aber ich denke, es ist vorbei. Wir wissen, wer er ist. Deswegen werden wir uns auch nicht mehr von ihm verwirren lassen und unserer eigenen Angst zum Opfer fallen."

„Ganz sicher nicht", sagt Nova und tritt auf das Gaspedal.

Absturzgefahr

Romanauszug

Fee Katrin Kanzler

Zwei Hände reichen nicht aus, um fünf Sinne zu versiegeln.
Lisa Kränzler

Apokalypsepicknick

Schwefelgelb, Ocker, Maschinen fressen Zeichen in die Erde, die bis ins Weltall hinein lesbar sind. Wo sie sich am tiefsten verbeißen, schorft es schwarz. Ein pechtorffarbener Grund, der dreihundert Meter unter Normalhöhennull liegt. Eine Schrunde, eine Ausfräsung, die größer ist als jeder Flughafen in diesem Land.

Wir stehen am Rand und atmen die gähnende Weite, kein Canyon, sondern eine Kratzwunde. Die Luft ist staubiger als anderswo. Hier und da nässen die Abhänge, dünne, eisenrote Rinnsale. Absturzgefahr, absolutes Betretungsverbot für Betriebsfremde, steht auf den Schildern. Irgendwo weiter unten in diesem Krater arbeiten Menschen, aber wir können keinen davon ausmachen. Zu fern, zu winzig, es sind mehrere Kilometer Luftlinie bis zum Boden der gewaltigen Grube.

Was wir sehen, sind die scharf umrissenen Skelette der Schaufelradbagger. Achtzehnmäulige Köpfe rotieren Tag und Nacht, speien Sediment auf Förderbänder, die wie Adern das gesamte Tal durchziehen. Trotz ihres Grabens, ihres Knirschens, je dreizehntausend Tonnen Stahl, ist es gespenstisch leise.

„Was in meinen Alpträumen auftaucht, sind aber nicht diese Monstermaschinen, ist nicht diese Mondlandschaft", sagt Aleph. „Es ist die Abrisskugel, die unser Haus zerschlug."

Seit auch mein Zuhause vom Erdboden verschwunden ist, denke ich oft daran, wie Aleph mir den Tagebau zeigte. Wie die Sonne gleißende Pünktchen auf die Schweißtropfen in seinem Gesicht setzte. Wie noch eine Stunde später, als wir schon auf den Rückweg waren, diese steile Falte auf seiner Nasenwurzel blieb. Seine Geschichte ist die einzige, die meiner auch nur ansatzweise ähnelt.

Als Jugendliche spielten wir Weltuntergang. Campierten auf einer Anhöhe, eine gemeinsame Nacht, ein letzter Sonnenaufgang. Feuer, Stockbrot, und immer machte eine Flasche Rotwein die Runde. In morgendlichem Glanz stieg schließlich die Katastrophe über den Horizont, Pech und Schwefel rollten uns entgegen, Flut und Feuer, Ruß und Regenbogenfarben. Ich stand von der Tartandecke auf, empfing Beben und Bersten, Biegen und Brechen, Mesozyklon und Meteoritenregen mit ausgebreiteten Armen. Als mythische Mantelgestalt, als Priesterin des Apokalypsepicknicks hieß ich den großen Schlussmacher, Gleichmacher, Plattmacher willkommen.
Würden alle einträchtig und gleichzeitig von Tsunamis dahingerafft, von Tornados hochgewirbelt und sauber in Würfel zerhackt, Blutschauer, Haifutter, in die Meere gespuckt, wäre das menschliche Aussterben noch immer in Ordnung für mich. Aber so läuft es nicht. Die Sintflut kommt stückchenweise. Gelitten und gestorben wird regional und grüppchenweise. Wen es nicht erwischt, wird glauben, dass ihn das Elend nicht betrifft.

Ich sitze an einem Klapptisch und gestalte mein Grab. Notiere, dass Farne, Moos und Sempervivum darauf wachsen sollen. Umreiße die Formen möglicher Steine und Lettern. Graue Glyphen wachsen über das Blatt, es ist nicht einfach, eine Schriftart zu finden, in der mein Name erträglich aussieht. Drei Buchstaben, acht Buchstaben, Linie, Linie, Linie. Immer wieder scheuere ich

Graphit auf das Papier. Gäbe es meine Totenkopfsammlung noch, würde ich mir wünschen, dass sie auf dem Grab drapiert wird, eine Installation aus Schädeligem aller Art. Aber auch sie ging verloren. Wie fast alles.

Mein Name ist Nil. Ich denke bei dem Wort aber nicht an den afrikanischen Strom, den jadegrünen Mutterfluss. Ich denke schwarz-weiß wie der Bleistift in meiner Hand, denke an nil, die englische Null, zero, nada, zilch. Nil, ничто, die Nihilistin, die Nichtswürdige. Und so spreche ich den Namen auch aus. Mit kurzem i.

Vor ein paar Jahren war da weniger Nichts oder zumindest ein selbstbewussteres. Mit Mitte zwanzig hatte ich eine Vorstellung davon, wer ich bin. Ich studierte Kunst, bekam Stipendien, war akademiebekannt. Die Unholdin auf der Tanzfläche, hochbegabt, hochentzündlich und hochfuckable. Jetzt, kaum eine Dekade später, bin ich ein bloßer Rußfleck, eine verwischte Kohlezeichnung.

Derart durchgebrannt stehe ich von meinem Plastikstuhl auf, der lauter ächzt als ich. Der Dachboden, auf dem ich lebe, graues Holz, blassblaue Verkleidung, atmet Kühle. An zwei Stellen muss ich mich unter rissigen Balken durchbücken, der Boden ist roh. Der Raum kann nicht als Wohnung bezeichnet werden. Eine Toilette, eine Dusche, gibt es ein Stockwerk tiefer. Eine Küche gar nicht.

Ich habe zwei große Fenster zum Himmel, immerhin. Unter einem davon liegt ein orangefarbener Sitzsack, daneben vier Europaletten. Meine Matratze darauf, zwei mal zwei Meter, ist das Teuerste, was ich besitze. Ich glaubte, mir guten, regelmäßigen Schlaf zurückerkaufen zu können.

An einer Stirnseite des Dachbodens gibt es eine Tür nach draußen. Sie führt ins Leere, kein Geländer, kein Balkon, nur fünf Meter senkrecht nach unten. Warum dort diese Tür ist, sagte die Vermieterin, sei ihr selbst ein Rätsel. Vielleicht habe der Vorbesitzer einen Anbau geplant, der nie umgesetzt wurde. Vielleicht gab es einmal einen Flaschenzug am Giebel. Jedenfalls werde sie die Tür abschließen. Sie wolle nicht verantworten, dass ich womöglich zu Tode stürze. Sie könne sie auch zumauern lassen, sagte sie. Ich winkte ab.

Bordeaux, Blut, Mennige

Vulkanasche begrub uns. Sturmfäuste schlugen unsere Schädel gegen Stein. Die chemische Struktur unserer Doppelhelices zerbrach, wenn ein Gammablitz die Erde traf. Welches Ende uns jeweils ereilen sollte, besprachen wir im Lauf der Nacht. In der Morgendämmerung, im Schlussakt unseres Weltuntergangsspiels reckten wir die Arme zum Himmel. Manchmal johlten und kreischten wir. Ich war Mitglied der Schultheatergruppe und drehte das Pathos auf elf, damit auch die Anderen sich trauten, durchzudrehen. Sich zu winden, zu krümmen, aneinander zu klammern. Wir brachen auf unseren Picknickdecken zusammen, wir stöhnten, zitterten. Bis auch der Letzte still lag. Ein paar Minuten lang rührten wir uns nicht. Lauschten nur auf den Atem der Anderen, suchten heimlich ein Flächenmaß für die Stellen, an denen unsere Haut die ihre berührte. Fingerkuppentupfer, Quadratzungenstreiche, Ganzkörpergemarkungen.
Nach dem gespielten Tod gondelten wir auf unseren Fahrrädern nach Hause. Wir lachten, gähnten, konnten auf unseren Wangen schon die Kopfkissen spüren. Von Katastrophe zu Katharsis, als Teenager funktionierte das noch.
Selbst wenn die Erdplatten und alle Wetter sich verschworen hätten, den Planeten auf einen Schlag vom Menschen zu befreien, sagt Aleph, gäbe es nicht die alles niederstampfende Gerechtigkeit, von der du als Fünfzehnjährige träumtest. Während auf der Oberfläche Chaos toben würde, während sich zwischen Feuer, Erdrutsch, Wind und Wasser königlich krepieren ließe, hätten

die Superreichen längst die Bunkertüren verschlossen. Raketenstartend würden sie aus Löchern im Boden aufsteigen. Auf ihren Feuerfürzen würden sie zum Mond, zum Mars reiten, um dort weiterzuatmen, weiterzuvögeln. Geteiltes Leid gäbe es nicht. Gibt es nicht. Geteilt wird nicht im Staate Dänemark. Umverteilt wird, abgeschöpft, gesichert und versiegelt. Oben der Griff nach den Sternen, den Steuerknüppeln, den Schwanzverlängerungen, unten viehisches Verrecken.

In Acrylglitsch verfestigte Monster, geklitterte Anatomiecollagen, über Leinwände rinnender Neonlack. Menschliche Körper und andere organische Zusammenballungen, Augäpfel, Klauen, Saugnäpfe. Undefiniert Dämonisches, manchmal Schrift, kurze Kommentare, hingekratzt, gepinselt oder gesprüht.

Meine Bilder waren Selbstversicherung. Der Beweis, dass es mich gibt. Dass an der Stelle, die sich so leer anfühlt, etwas sitzt, das Bezüge herstellen und Reaktionen auslösen kann. Jedes Blatt, jede Leinwand eine Existenzurkunde, eine Eintrittskarte ins Dasein. Ganz zu schweigen davon, dass ich hoffte, sie, mich, meine Lebenszeit eines Tages teuer verkaufen zu können. Jetzt sind sie weg. Hunderte davon. Es wäre gelogen, dass ich nicht zögern würde, ob ich lieber sie oder das Haus und meine Eltern zurückhätte.

Mein Vater, meine Mutter und das schmale Backsteingebäude waren unzertrennlich. Nur wenige Tage im Jahr verließen sie es. Zu sehr nahm ihre Arbeit sie in Beschlag, die Buchhandlung im Erdgeschoss. Schon am Ende ihres Studiums hatten sie begonnen, diesen kleinen Laden aufzubauen. Ein waghalsiger Kredit ermöglichte ihnen, das hundertjährige Haus zu kaufen, das wie ein roter Keil zwischen einer Schusterei und einer Weinstube stand.

Bordeaux, Blut, Mennige, es sind vor allem die Rottöne, die ich mit dem Haus und meinen Eltern verbinde. Außerdem Kletterpflanzengrün, bunte Keramik, kleinteilige Muster. Meine Kunst bildete den Gegenpol zu ihrer Nestwärme. Das Schwarz, der schrille Lack, das wild übereinander Verklebte waren immer auch Fluchtversuch, Grenzabsteckung, Selbstbehauptung meines Einzelwesens vor ihrer elterlichen Zweieinigkeit.

Jetzt, wo die Grenze ein kilometertiefer Riss geworden ist, eine Abbruchkante, über die hinauszublicken wehtut wie wenig anderes, bleiben Kindheitserinnerungen. Eine Idylle, waffelduftsüß, die Dissonanzen vergesse ich. Ein Kleinkind zwischen Büchern, Rattenschwänze, Blümchenbluse, hopst von der Ladentür bis hinten in den Lagerraum, der gleichzeitig das Büro der Eltern ist. Die Hände der Mutter fühlen sich sanfter an als die eigene Haut. Von dort schlüpft das Mädchen nach draußen in die enge Gasse, in das feuchte Dunkel zwischen Buchhandlung und Weinlokal. Weiter hinten führt eine Wendeltreppe hinauf auf die überwachsene Terrasse. Durch die Glastür kann das Kind in den Wohnraum sehen. Der Vater deckt drei Teller auf, steckt einen Löffel ins Apfelmus.

Klimpert zufällig der Jingle einer Versicherungsgesellschaft, Radiogedudel im Supermarkt, schnürt sich mir die Kehle zu. Die Werbespots erinnern mich daran, dass außer diesem Gerippe, das mein Körper ist, nichts überlebt hat. Vater, Mutter, Haus, Bücher, meine Bilder, mein Verstand, ich hätte geglaubt, dass all das etwas wert ist. Aber die Summe, die am Ende des Alptraums auf meinem Konto übrigblieb, ist lächerlich. Ist Beleg, dass ich nil, nichts, null bin. Ich war dumm. Hatte keine Ahnung. Alles war mir zu viel. Alles habe ich falsch gemacht. Statt zum Anwalt ging ich in die Psychiatrie.

Sechzig Sonnenmassen

„Teufelskind, sieben minus sieben, warum malst du nicht?"
Alephs Nachricht rüttelt an meinem Stolz. Mein altes Ich, das
vor der Katastrophe, hätte mich dasselbe gefragt. Hätte mich vor
die Leinwand getreten, mich angeschrien, an den Haaren gerissen.

Anfangs erkundigte sich noch alle paar Wochen jemand nach
mir, die Galeristin, ehemalige Kommilitoninnen, zwei Cousins,
ein befreundeter Journalist. Inzwischen sind fast alle Anrufe,
alle Nachrichten eingeschlafen. Mein Wahlspruch seit jeher war:
I deliver. Eine Neujahrsausstellung, ein Triptychon zur aktuellen
Lage der Nation, ein Gemälde fürs Bühnenbild von *Hamlet*, you
name it. Jetzt delivere ich plötzlich gar nichts mehr.

Doktor Herzfeld sagt, ich dürfe mir Zeit nehmen. Atem schöpfen und mich neu gründen. Sie formuliert das wirklich so. Was
ich tue, ist aber kein Ruhen, kein Wurzelnschlagen. Es ist Verharren und Verhärten, Verkappen und Verdichten, ist sechzig
Sonnenmassen auf die Größe eines Mohnsamens zusammen-
drücken. Warten auf Explosion.

Johannes sagt, ich müsse nicht malen. Ich könne etwas Anderes
anfangen. Wenn ich nur wolle. Ich verpasse ihm eine Ohrfeige,
eine gedachte. Eine, die das Fleisch von seinen Wangenknochen
schält, ihn aussehen lässt wie eines meiner Schmierporträts.

„Du kapierst es nicht", sage ich.

„Es bringt doch nichts, wenn du dich fertigmachst", sagt er.
Ich schüttle den Kopf. Johannes glaubt, dass es so etwas wie
Seelenfrieden gibt. Dass man die innere Glut mit Voodoo be-
sänftigen kann, dass ein Funke im Heuschober kein Feuer ent-
facht. Ich sage ihm, dass er die Klappe halten soll und zerre das
T-Shirt von seinem Leib.

Er hat Ahnung von Mitochondrien, vom Turgor in Pflanzenzel-
len, von Laborarbeit, Forschung und einer ganzen Reihe techni-

scher Ansätze zur Rettung der Welt. Nicht aber von meinem immensen Innendruck. Davon, was ich kann und was ich muss. Gerettetwerden gehört nicht dazu. Der Turgor in seinem Stängel unterdessen steigt an, mir schwillt Zellsaft entgegen. Ich umfasse seinen Schwanz. Eine Panzerbeere, denke ich, eine Spritzgurke, Pflanzengattung aus der Familie der Kürbisgewächse. Bei Samenreife erhöht sie ihr osmotisches Potenzial, wird ihre Wand elastisch gedehnt. Löst sich die Frucht vom Stiel, schleudert sie ihre Saat bis zu zwölf Meter weit.

Performancekunst, Punk oder Worte so lange gegen die Wand werfen, bis sie zersplittert scharfkantig sind. Bis sie Waffe werden. Etwas in der Art würde vielleicht funktionieren. Wäre letztlich dasselbe wie Malen. Der Rest interessiert mich nicht. Ich habe keine Zeit zu reisen, zu shoppen, zu putzen, nichts übrig für Kuchenbacken, Katzenkraulen, Kinderkriegen. Ich kann stundenlang eine Wand anstarren, um einer Idee zu folgen, aber kein Osterei bemalen, um jemandem eine Freude zu machen. Will ein Leben ohne Zuckerguss, ohne Grußkarten, ohne Topflappen. Ich beiße in Johannes' Schulter, bis er schreit.

In ihren weißen Overalls sehen sie aus wie Astronauten. Die Landschaft im Hintergrund ist mondstaubig und marskarg. Sie nähern sich demselben Abgrund, an dem Aleph und ich vor zehn Jahren bereits standen.
„Hoch mit dem Widerstand! Nieder mit der Kohle!"
Aleph und ich folgen der Gruppe, gehen am äußeren Rand, halb Zuschauer, halb Mitstreiter. Wir haben keine Maleranzüge mitgebracht, keine Spruchbänder oder Fahnen. Trotzdem war klar gewesen, dass wir hier sein würden. Als der Demonstrantenzug an der Abbruchkante zum Stehen kommt, hebt jemand ein Megafon an die Lippen. Fossiler Kapitalismus, Profitgeier, Zukunftsklau, die Parolen segeln über meinen Kopf hinweg. Ich höre kaum zu. Es geht nicht mehr um Worte. Seit die Zerstörung handfest

geworden ist, mir faustgroße Löcher ins Leben gebrannt hat, ist alles körperlicher geworden. Was zählt, sind meine Knochen, ist meine blasse Haut in der prallen Sonne, sind die vielen anderen Leiber, die sich an die Kante der Grube drängen. Wir sind nicht nur Profilbilder im Internet, eine Liste von Argumenten, ein Redeschwall. Wir sind hier, mit aufgerissenen Augen, mit quicklebendigen Zungen. Wir schreien. Die Anderen jedenfalls skandieren, mir selbst ist der Mund noch zugewachsen. Ich spüre bereits die Sollbruchstelle, eine Knospe Feuermohn im April.

Ein kurzes Vibrieren in meiner Tasche, eine Nachricht von Johannes. Schon dreimal hat er sich heute gemeldet. Wenn ich mit Aleph unterwegs bin, ist seine Mitteilsamkeit, seine Sorge um mich am größten. Johannes vergisst, dass nicht er es war, der mich festhielt. Nicht er, der sagte, dass ich für ein paar Wochen bei ihm wohnen könne. Nicht er, der heftiger weinte als ich. Nicht er, der mich daran hinderte, blindlings ins lehmgelbe Wasser zu tauchen. Kopfüber in den Schlamm zu stürzen, um etwas, irgendetwas, ein kümmerliches Bruchstück zu retten.

Johannes war die Sache anders angegangen. Mit Telefonaten, mit Planung, mit Geld. Er war es, der mich zur Klinik fuhr, der überwachte, dass ich auch wirklich hineinging und drinnenblieb.

Mein Blick hängt in der flirrenden Luft, der ockergelben Weite, über den ins Erdreich hineingefrästen Terrassen. Der Sand, der Ton und schließlich ebenholzschwarz die Kohle. Vierzehn Millionen Jahre alte Bäume, und jeder einzelne davon erscheint mir klüger als wir.

Den Schriftzug auf den Stahlträgern kann ich bis hierher erkennen, Krupp, in Großbuchstaben. Ein Name, den ich nicht lesen kann, ohne an Schwarz-Weiß-Fotografien, an meine Großmutter zu denken. Die Glieder der Maschinen sind turmgroß, ihre Raupenfahrwerke bedecken halbe Fußballfelder. Je hundert Meter hoch, zweihundert Meter lang, kein Tier, kein Redwood, keine Raumstation hat es je auf diese Größe, diese Masse gebracht, die Schaufelradbagger sind gerade groß genug für meine Fassungslosigkeit. Gezähnte Kiefer, stählerne Rachen, in denen meine Selbstbeherrschung verschwindet. Ich will dort hinunter, will in den Trichter hineinrutschen, will auf den Boden dieses Lochs. Will meine Bleichheit mit dem Schwarz der alten Bäume einreiben, mich zum Organischen bekennen, zur Verwandtschaft mit denen, die verheizt werden. Ich will die Maschinen anfassen, will wissen, wie es ist, vom Förderband eingekeilt, vom Kettenantrieb zermalmt, vom Schaufelrad zerrissen zu werden. Ich mache tatsächlich ein paar taumelnde Schritte auf die Grube zu. Wieder ist es Aleph, der mich wegzerrt.

Später, einzelne Haarspitzen, Krähenflaum, kitzeln die Haut in meinem Nacken. Ich sitze auf dem Fensterbrett, ein Bein drinnen, eines draußen in der Nacht. Das Lederband um meinen Hals, die Nähte meiner Jeans liegen eng an. Ich wippe, als säße ich in einem Sattel. Aleph hat basslastige Musik aufgelegt.
Er reicht mir das Fernglas. Ich richte es gen Himmel, gen Mond. Suche das in die graue Oberfläche gekratzte Sternchen, die hässliche, kleine Schneeflocke.
„Bald werden die Baustellen so groß sein, dass man sie mit bloßem Auge sehen kann", sagt Aleph.
Dort oben arbeiten Roboterarme, drehen sich Radioteleskope, stehen weiße Hangars, halb im Regolith vergraben. Bohrungen ins Mondinnere, Containerkomplexe und transparente Kuppeln werden hinzukommen, heißt es. Die Siedlung war als Forschungsstation, als Basis für zukünftige Weltraummissionen angekündigt worden. Inzwischen haben die ersten Menschen dort Urlaub gemacht, die Dreitagestrips wurden für zweihundertfünfzig Millionen Dollar pro Person verkauft. Die Exkursionen seien bereits jetzt auf fünf Jahre ausgebucht, teilte das Unternehmen mit.

Ich stelle mir vor, wie sich der krustige Sand in alle Ecken und Ritzen der Mondbehausungen frisst. Wie jemand Käsekuchenpaste aus einer Tube drückt, dabei der Erde beim Aufgehen zusieht. Wie ein Milliardärskind im Raumanzug in einer Felsspalte stecken bleibt. Ich lege das Fernglas weg. Der Trabant schimmert eisig. Schon lange haben wir ihm keine Eigennamen mehr gegeben, die Fruchtbarkeitsgöttin ist tot. Niemand würde noch diesen wandernden Anorthositbrocken anthropomorphisieren. Oder gar anbeten, anheulen. Den Verführer der Wahnsinnigen, den silbrigen Sehnsuchtsstein gibt es nicht mehr.

Ich rieche, rieche Menschenfleisch, sagt der Mond zu dem Mädchen, das seine sieben Brüder sucht. Die Grimmsche Mordlust erkenne ich noch am ehesten in der narbigen Scheibe. Ich starre in ihr anämisches Licht. An meinen schlechten Tagen ist alles grau, schwarz, anthrazitfarben, wie das pockige Gestirn. Genauso hart, genauso knirschend kalt, der Himmel entfärbt sich. Alle Autos werden zu Leichenwagen, und mein Vater, meine Mutter liegen in jedem davon.

„Nestflüchter", nannten mich die beiden.

Weil ich alles dafür tat, sofort nach dem Abitur von zu Hause auszuziehen. Weil ich mich, sobald ich an der Akademie studierte, nur noch selten blicken ließ. Meine Leinwände, meine voller und voller werdenden Mappen lagerte ich trotzdem bei ihnen. Weil ich das Atelier mit drei Mitstudentinnen teilen musste, weil in der Wohngemeinschaft ohnehin nie Platz für mehr als Bett, Beistelltisch und Kleiderstange war.

Meine Eltern waren skeptisch, was meine Kunst betraf. Dennoch stellten sie immer wieder das eine oder andere meiner Bilder in ihrer Buchhandlung aus. Arrangierten meine Ungeheuer, meine Verschobenheiten und Schlüpfrigkeiten zwischen Ökobaumwolle und Teesieben. Manchmal petitionierten sie, ob ich nicht weniger Grelles, weniger Wütendes, weniger Ekelhaftes malen könne, und zitierten mir Kommentare erschrockener Kunden.

Wie hellauf die Hitze hinter meinen Augäpfeln brennt, wie glühend mein Schluchzen nach draußen will, bemerke ich erst, als Aleph meine Schulter berührt. Ich weine haltlos wie ein Kind. Behutsam zieht er mich vom Fensterbrett herunter. Dass dabei das Fernglas zu Boden poltert, scheint er nicht wahrzunehmen. Ich rieche sein Haar, seine Sandelholzbrust. Verkrallen oder einknicken, schachmatt oder fuchsteufelswild. Die Tränen lassen meine Sicht verschwimmen, Alephs Filmposter und die artischockenförmige Lampe fahren chaotisch im Raum herum. Bei jedem Blinzeln verschiebt sich die Welt, legen sich Hindernisse, Ängste und Abgründe neu übereinander. Drei Orte kriegstanzen sich in den Vordergrund, verkanten sich zum dreifarbigen Kaleidoskop. Sie stemmen sich gegeneinander, verschrauben sich unter der Zimmerdecke, dem Himmelszelt, dem Schädeldach. Die schwefelgelbe Grube, der blutleere Mond und das geliebte Haus.

[…]

Die Mauer

Katharina Kerber

An der Mauer, die, langgezogen und hoch aufragend, einen schmalen Grünstreifen vom Gehsteig trennt, wuchert ausgezehrt vom langen Winter das Unkraut. Dicke Halme mit rissiger Rinde, rundgelenkig und knotig an ihren Aufzweigungen, feinere trocken und brüchig, als könnten sie sich bereits durch die flüchtige, achtlose Berührung eines Vorbeigehenden in staubige Luft auflösen, buschig, stopplig, ausgefranst, mit schmucklosen Blüten über Dornenkronen, wabern um das lustlose Grau und stecken, vielfingrig, winzige Kuppen ihrer Fühler in Spalten und Risse, die sich im Laufe der Jahre in die versteinerten Putzschlieren gedrängt haben, als versuchten sie, dort, im kühlen Inneren des Gemäuers, etwas zu erfühlen, zu ertasten, was von außen nicht sichtbar ist. Wo der karge Grünstreifen mit den fasrigen Ausläufern seiner Grashalme die Mauer berührt, überwächst ein Mooskissen die willkürliche Grenze zwischen Erde und Stein, die, so denke ich, noch nie ein Sonnenstrahl berührt hat. Dahinter ragen, fahlgesichtig, in langer Reihe, karge Wohnblocks mit flachen Dächern gegen den Himmel und auf ihren stumpfen Fensteraugen trocknet der Staub des Tages in den schwachen Strahlen der Nachmittagssonne, bevor sie, auf ihrem kurzen Weg im anbrechenden Frühling, hinter den kahlarmigen Baumkronen auf der anderen Straßenseite verschwinden wird. Später, wenn die Dämmerung anbricht, werden wir, glattköpfig, pechschwarz, die scharfen Krallen gegen das kalte Geäst gewetzt, die Schnäbel in der Abendbrise gezückt, uns dort in losen Gruppen sammeln und unser Krächzen vollmundig, anklagend, höhnisch, den Hausfassaden entgegenwerfen, und während die Lichter hinter den Fenstern aufleuchten werden, wird die Mauer mit ihrem Kleid aus Unkraut in der Nacht versinken.

Als du das Haus das erste Mal betratst, war es Winter. Trotz der eisigen Temperatur, die das Atmen schwer machte, stand die Eingangstür offen, trotzte der klirrenden Kälte wie ein gähnendes Maul im trüben Tag. Vielleicht, stelle ich mir vor, hieltst du vor Betreten des Hauses kurz inne, unschlüssig, ob man, trotz offener Tür, einfach eintreten durfte, legtest den Kopf in den Nacken und ließt deinen Blick über die ausdruckslose Fassade schweifen, lehntest dich, vielleicht, kurz gegen die Mauer, spürtest ihre kalte Kante im Rücken und später blieb dort im Schnee, der sich wie eine feine weiße Linie auf dem Mauergrat gesammelt hatte, ein Abdruck zurück. Du zogst die Schultern unter der leichten Jacke hoch und vergrubst die Hände tief in den Hosentaschen. Im Treppenhaus lag der Geruch des Tages nach Gekochtem, Gewaschenem, nach Putzmittel und abgelegter Kleidung, nach den Schuhen, die sich vor den Eingangstüren stapelten, von der lang offenstehenden Tür wie eingefroren. Du stiegst die Treppen hinauf bis ganz nach oben, in jedem Stockwerk innehaltend, lauschend, suchend, begegnetest niemanden. Alle Türen waren verschlossen. Du stiegst wieder hinab, wandtest dich fast schon zum Gehen im Glauben, dich in der Adresse geirrt zu haben, als, von unten, einer, das ungeduldige Gesicht zwischen den Streben des Geländers eingerahmt, dich zu sich hinabwinkte und so nahmst du die Stufen in den Keller, zögertest kurz vor dem Eingang der Wohnung, aber der winkte dich hinein in den Gang. Die Wohnung war kalt, der Boden aus grauem Linoleum dünngetreten, die Wände vom spärlichen Winterlicht, das durch die Luken unter der Decke drang, wie hohle Gesichter, die Zimmerecken im eigenen Schatten versunken. Der eine wies dich rasch an, durch die Zimmer zu gehen. Der, so denke ich, wollte die Sache schnell hinter sich bringen, folgte dir nicht einmal, wie du durch die alten Türrahmen tratst, blieb im Gang nah der offenen Wohnungstüre, als wäre er am liebsten schon wieder weg. Beim Durchschreiten der kleinen Zimmer hallten deine Schritte, so leer war es dort. Der hat dich von hinten beobachtet, wenn du sein Blickfeld kreuztest, wie du aufschautest, zu den Zimmerecken, wie du, das ein oder andere Mal, die Hand nach einem Fleck auf der Wand ausstrecktest. Wie du da standst mag der, verstohlen, berechnend, dich gemustert haben, wie du, die Schultern noch immer hochgezogen, die Jacke, viel zu dünn für die Jahreszeit, die Haare schwarz, gelockt und nass vom Schnee, die Turnschuhe fest geschürt, durch eine der Luken nach draußen sahst, auf den schmalen Streifen, der, damals eisig, weiß, ein wenig Licht in den Keller warf. Auf die Mauer, die gerade so hoch war, dass kein Stück Himmel mehr in deinen Ausblick passte. Und der, der in deinem Rücken vor Ungeduld vom einen auf das andere Bein tretend, im grauen Licht des Winternachmittags kaum dein Gesicht erkennen konnte, es auch gar nicht erst versuchte, befand dich, mit deinen hochgezogenen Schultern und so allein wie du warst, wohl als passend für seine kalten, feuchten Kellerräume.

Wie die Wohnblöcke selbst zieht die Mauer sich, soweit der Blick reicht, gleichförmig die Straße entlang. Die Unterbrechungen weisen die Wege zu den Eingangstüren der Häuser. An manchen Stellen gedeiht das Unkraut weniger gut als hier, vor dem Haus, in dem du lebtest. Wenn die Sonne scheint, saugt die dem Gehsteig zugewandte Mauerseite die Wärme des Tages in sich auf, und das Unkraut legt sanft die vielförmigen, staubgrünen Blätter wie Handteller gegen den Stein, reckt seine vormals gekrümmten Stiele und Stängel, blinzelt in seiner Unscheinbarkeit zum blauen Himmel, wiegt sich, sorglos, mit den frischen Böen des Windes. Die andere Mauerseite hingegen, die dem Haus zugewandt ist, bleibt davon unberührt stets kühl und feucht, bei Tag und Nacht, nährt im Schatten, ewigkahl, das Moos zu ihren Füßen. Ich schreite die Mauer entlang, spüre, in der Nähe, ihre gespeicherte Wärme auf meinem schwarzen Gefieder, lege, wie das Unkraut, meinen Kopf in den frischen Wind, der zum Fliegen einlädt. Ich stelle mir vor, ich würde hier, an der Mauer, deiner Mauer, auf dich warten, bis du aus dem Haus trittst, stelle mir vor, das könnte jeden Moment sein.

Am ersten Abend in deiner Kellerwohnung breitetest du eine Decke auf dem Boden eines der Zimmer aus. Es war egal, welches Zimmer du zum Schlafen wähltest, denn alle Zimmer waren gleich, kalt und fremd und leer. Und später, als du, flach, den klammen, glatten Boden im Rücken, dalagst und dich fragtest, ob du an diesem Ort, jemals, in den Schlaf finden würdest, starrten die schwarzen Luken mit der Winternacht im tiefen Blick auf dich hinab, düsterer noch, als die lichtleeren Zimmer und die dunklen Ecken deiner neuen Wohnung. Ob du, schlaflos, die Muskeln angespannt wie einer, der jederzeit bereit ist, versuchtest, in ihrem schwarzen Blick die feine Linie zu erkennen, wo sich die Finsternis der Nacht von derjenigen der Mauer abhob? Ob du, das Brennen der Müdigkeit in deinen Augen beiseite zwinkernd, versuchtest, in einem Winkel, einer Ecke, einem Zugeständnis, und sei es versehentlich, einen einzigen Stern oder das ferne Schimmern des Mondes zu erhaschen, bis dir wieder einfiel, dass dort, wo du hinblicktest, kein Himmel war? Ob die feuchte, abgestandene Kellerluft mit breiten Händen auf deinen Brustkorb drückte, als wollte sie dich am Atmen hindern? Ob du so lange in die Stille lauschtest, nach einer Stimme oder Schritten, nach einem Klappen der Tür, bis es dir vorkam, als schrie sie dir in die Ohren? Vielleicht kam, als du, hellwach, nach Minuten oder Stunden dennoch die Augen schlossest, eine Erinnerung in dir hoch und kurz war es, als lägst du nicht mehr auf dem Kellerboden, wie einer, der nicht da sein darf. Kurz war es, als habe sich der durchgetretene Kunststoff in deinem Rücken in den Stein des flachen Hausdachs verwandelt, der dich, einmal, vor langer Zeit, hart, aber aufgewärmt von der Sonne des Tages, in der lauen Luft getragen hatte, weit über den Dächern der Nachbarhäuser, und über dir, in unendlicher, klarer Weite, gewölbt wie eine große, schützende Hand, war der Himmel, samtig und wohlwollend, hatten, schelmisch, freundlich, die Sterne gezwinkert, und am Horizont, fernab der Hausdächer, war, behutsam eingerollt, der Mond am Himmel erschienen. Aus den offenen Fenstern des Hauses hattest du gedämpft die Stimmen der Geschwister gehört, vielleicht die der Mutter, die sanft zur Ruhe gemahnt hatte, bis es still geworden war, im Haus unter dir. Damals hattest du, fest in eine Decke eingerollt, dir vorgestellt, wie es dort wohl aussehen musste, in der Weite des Himmels. Damals, den Blick fest in die Ferne gerichtet, hattest du dir vorgestellt, du könntest, mit weit ausgestreckten Armen, schwerelos, leicht, vom Wind gehoben und immer höher getragen, fliegen, wie ich. Daran dachtest du vielleicht, als du, umgeben von der Dunkelheit des Kellers, in dem du fortan leben solltest, so unsichtbar warst wie einer, den es gar nicht gibt. Und als du später, gegen Morgen, in einen unruhigen Schlaf fielst, sahst du noch im Traum die Mauer vor deiner Luke, die größer und mächtiger erschien, als du sie in Erinnerung hattest, auf deren Grat, in losen Schlingen gerollt, Stacheldraht wuchs, der in der Sonne seine scharfen Zähne bleckte, und im Traum warst du dir sicher, dass du den Weg über die Mauer nehmen müsstest, wie all die Menschen, die sich, bebend, schreiend, drängend, um dich scharten. Einige, die ganz vorne standen, zogen sich schon hoch, schoben sich hinauf am glatten Stein, packten den Draht, so dass sich seine Stacheln tief in ihre Hände bohrten und die Haut aufschlitzten, sie stemmten sich weiter, als bemerkten sie den Schmerz nicht, hoben, mit letzter Kraft, die Beine hinterher und der Draht zerfetzte ihre Kleider. Aber da standen sie schließlich, hoch auf der Mauer, dem Himmel ein Stück näher, legten die Hände, blutig, schützend über die Augen, da die Sonne sie blendete. Da, das wusstest du in deinem Traum, musstest auch du hin. Und schweißnass, die Hände zu Fäusten geballt, fandest du dich im fahlen Morgenlicht liegend in deinem Keller, krochst in eine

Ecke, wünschtest, dass kein weiterer Traum dich jemals finden würde.

Ich passiere die Öffnung der Mauer, stehe auf dem Weg zur Eingangstür des Hauses, die heute, abweisend, verschlossen, mit abgegriffener Klinke, den Zugang verwehrt. Das Gras des Grünstreifens ist kurz, die Halme mickrig, grünbraun. In der engen Begrenztheit der Fläche und im Schatten der Mauer scheint es, als würden sie niemals höher wachsen. An der langen, dunklen Mauerseite lungern, ohne Regelmäßigkeit, verwesend, auf das weiche Moospolster gebettet, Plastikfetzen unklarer Herkunft, abgegriffene und verwitterte Flaschen, Reste von abgerauchten Zigaretten, die vielleicht einmal an der Mauer ausgedrückt wurden und dort ein schwarzes Mal hinterließen, dann achtlos, sich krümmend, zu Boden fielen. Ich betrete das kühle Moospolster, das sachte federnd dem Druck meiner Schritte nachgibt, mich ein wenig einsinken lässt. So dicht an der Mauer schmeckt die Luft verbraucht und modrig, abgestanden und kühl. Mit schräg gelegtem Kopf blicke ich zu den blinden Luken, deinen Luken, über denen, fingerdick, könnte man meinen, der Staub liegt. Über mir, dem Moos, dem Grünstreifen und dem Müll, liegt schwer und kalt der Schatten der Mauer, zieht sich bis zu den Luken, die hartnäckig verschlossen, stumm und staubig, zu mir zurückstarren.

In deinen ersten Wochen blieb die Kellerwohnung kahl und dunkel. In den Ecken breiteten sich graue Flecken aus, wie Pfützen auf den Straßen nach langen Regentagen, sie zogen kriechend durch den Putz, und feinkörnig, schwarz, sprossen kleine Schimmelkolonien daraus hervor. Du sahst sie im spärlichen Licht der kurzen Tage kaum. Manchmal, am Abend, stelltest du dich auf die Zehenspitzen und öffnetest die Luken, um die kalte Winterluft in deine Kellerwohnung zu lassen, in der Hoffnung, sie würde den schalen, verbrauchten, feuchten Atem deiner Zimmer vertreiben. Durch die offenen Luken drang unser Gesang von den Bäumen über die Mauer zu dir. Und wenn die Umrisse der Mauer am frühen Abend mit der Dunkelheit verschmolzen und du, später, tief in der Nacht, den harten Boden im Rücken, einschliefst, träumtest du wieder von der Mauer, den Männern, die Hände aufgerissen, die Kleider zerfetzt, Schulter an Schulter, die Augen spärlich geschützt vor der gleißenden Sonne, die es geschafft hatten den Mauergrat zu erklimmen und in die Weite hinter der Mauer starrten, in die Freiheit, so dachtest du, so dachten sie. In deinem Traum standst du auf der Mauer unter ihnen, unversehrt, als wärst du hinaufgeflogen, wie ich es gekonnt hätte. Da, wo die Freiheit lag, hoben, in rascher Folge, mit Lärm, der den Boden beben ließ, Flugzeuge in den Himmel ab. Die Flugzeuge waren voller Menschen, die es geschafft hatten, und obwohl es viele Flugzeuge waren, war die Zahl derjenigen in den Maschinen nichts gegen die Zahl der Wartenden, Drängenden, Weinenden vor der Mauer. Hinter euch zogen sich die Nächsten nach oben, wütend darüber, dass ihr immer noch dort standet, dass ihr nicht längst auf die andere Seite gesprungen, zu den Flugzeugen gerannt wart. Die hinter euch gegen die Mauer drängten wussten nicht, was ihr saht. An die Flügel der großen, schwerfälligen Maschinen klammerten sich Menschen, die keinen Platz mehr ergattert hatten, die dann, mit zunehmender Geschwindigkeit der grauen, schweren Vögel, im Fahrtwind wehend wie menschliche Fahnen, dem Himmel entgegentorkelten. Der Fahrtwind peitschte ihnen ins Gesicht, riss ihnen die Haare vom Kopf und die Kleider vom Leib, machte sie blind, und als die großen Flugzeuge, schräg gegen die Sonne, den Wolken entgegen stiegen, da fielen die ersten, trudelnde Punkte in wieter Ferne, erstickt, verbrannt, zerfetzt und tot vom Himmel. Und ihr auf der Mauer, die ihr versucht wart, über den Draht zu klettern und von der Mauer in die Freiheit zu springen, starrtet den Flugzeugen hinterher, die hoch oben ihren menschlichen Schmuck abschüttelten. Da schriest du vor Entsetzen so laut, dass dein eigener Schrei dich aus dem Schlaf riss, dich zurückholte, auf den kalten Boden deines Kellers, wo du rasch die Knie anzogst, damit dir das rasende Herz nicht aus der Brust sprang, und ein schwacher, trüber Schein, in dem sich schattenschwarz die Mauer abzeichnete, kündigte vor deiner Luke das Ende der Nacht an.

Mit klammen Krallen streife ich durch die Grashalme auf dem Grünstreifen, picke, hin und wieder, mit dem Schnabel zwischen ihnen auf die kalte Erde, aber dort gibt es nichts zu finden. Ich stoße nach einer Plastiktüte, die, aufgehangen an ihren Fetzen im Gras treibt und widerstandslos, träge raschelnd, nachgibt. Der kühler werdende Wind kündigt den Abend an, die Sonne, die man von hier aus nicht mehr sehen kann, muss längst hinter den Baumkronen ihren Abstieg vom Himmel angetreten haben, färbt sich hinter dem schwarzen Gitter der Äste vielleicht gerade orange. Die ersten von uns werden auf den Ästen sitzen und die Schnäbel in die Mistelnester stecken, die, hoch oben, nur für uns erreichbar, mit ihren süßen Beeren locken. Obwohl ich weiß, dass du nicht mehr kommen wirst und das erste Krächzen aus den Baumkronen hinter der Mauer, für mich nur ein paar Flügelschläge entfernt, mich lockt, bleibe ich im Schatten, beobachte, verstohlen, deine verschlossenen Luken.

In einer großen Fabrik begannst du zu arbeiten. Früh, noch bevor der erste Schimmer des fahlen Winterlichts den Himmel erhellte, verließt du deinen Keller, stapftest durch den schmutzigen Schnee, schwarz durchsetzt von den Spuren und Autoabgasen des vergangenen Tages, und die Morgenkälte fiel schneidend über dich her und fuhr dir ins müde Gesicht. Grau gefroren vom langen Weg betratst du die große Halle, die noch vibrierte vom Rattern der Nachtschicht, in der sich zäh verbrauchte, staubige Wärme wallte, verschwandst, ohne zu zögern, zwischen murrenden Motoren, im Gummigeruch. Vom ersten Tag an nisteten sich die feinen, schwarzen Staubkörner in deine Haare ein, sie krochen unter deine Kleidung, verschmolzen mit deinen nassen Schuhen, belegten deine Zunge und vertrieben bald jeden anderen Geruch aus deiner Wahrnehmung. Die Arbeit in der Halle war eintönig. In den Pausen setztest du dich neben deine Maschine, lehntest Rücken und Kopf an ihr kaltes Metall, blicktest zur weiten Decke von der, weiß flackernd, aus langen Röhren, das Licht durch die staubdurchsetzte Luft streute, dachtest an nichts, merktest nicht, wie die anderen, die deinen Platz passierten, dich musterten, hörtest nicht, wie sie redeten, lauschtest nur dem Takt der immer gleichen Motorengeräusche um dich herum, wie einer, der gar nicht da ist. Nach langen Stunden, den Platz in der Halle dem Nachfolger der nächsten Schicht überlassend, tratst du schließlich deinen Heimweg an, und wieder war der Winterhimmel schwarz, und die Kälte, noch erbarmungsloser als am Morgen, trieb dir die Tränen in die Augen, die auf deinem Gesicht graue Schlieren hinterließen. Und wenn du, zurück in deinem Keller, mit kaltem Wasser deinen Mund ausspültest und dein Gesicht wuschst, färbte sich das Wasser schwarz vom Staub des langen Tages. Soviel du versuchtest, ihn abzuwaschen, blieben Staub und Geruch an dir haften, als wären sie bereits ein Teil von dir. Das Geld aus der Arbeit, die dich abends müde auf dein Lager fallen ließ, die dir die Träume vertrieb, reichte für die Miete, und nach und nach für alles, was du zum Leben brauchtest. Und bald konntest du abends auf einer Platte in einem großen Topf Reis kochen, den du mit der Hand aus einem Sack schöpftest, die harten Körner auswuschst und sie dann im siedenden Wasser weich und weiß werden ließt. Der Rauch aus dem Topf erfüllte deine Zimmer und manchmal, wenn du den Reis im vor Hitze tanzenden Wasser betrachtetest und die Augen schlossest, wich der Gummigeruch der Fabrikhalle dem vertrauten, wunderbaren Duft nach Zuhause. Das Glas der Luken beschlug vom Wasserdampf, und später, nach dem Essen, öffnetest du sie, strecktest dein Gesicht in die Nacht, lauschtest unserem abebbenden Gesang aus den Bäumen, deren Anblick dir die Mauer verwehrte.

Wieder lege ich den Kopf in den Wind und blicke hinauf zum Mauergrat, der, von hier aus betrachtet, in beinahe unerreichbarer Höhe zu liegen scheint, eine mächtige, gewaltige Grenze setzt, zwischen dem kahlgesichtigen Haus in meinem Rücken, das sich, lautlos aber spürbar, für die Nacht rüstet, und der Welt dahinter. Ein kleiner Satz, ein kurzes Ausbreiten meiner Flügel trägt mich, wie von selbst, hinauf, wo ich geräuschlos lande, die Flügel falte, den Blick hebe, und das Bild des Himmels, der Bäume, der untergehenden Sonne lässt die Erinnerung an das Haus in meinem Rücken vergehen, lässt mich, beinahe, glauben, dass dies gar nicht deine Mauer ist, sondern irgendein Plätzchen mit Aussicht auf den Frühling. Für uns Krähen, so denke ich, während der Himmel hinter den Bäumen, in blasses Rot getaucht, in die Ferne weist, haben Mauern keine Bedeutung.

Eines Abends, in der anbrechenden Dämmerung, stand ich, wie jetzt, auf dem Mauergrat und im Glas deiner Luke spiegelte sich mein Körper. Ich sah mich, den Kopf leicht in den Nacken gelegt, die Flügel, glatt, schwarz, makellos, im Rücken verschränkt, die runden Augen, in der anbrechenden Dämmerung kaum auszumachen, den markanten, spitzen Schnabel, im Profil noch verstärkt, leicht in die Höhe gereckt. Eisiger Wind strich mir über den Kopf, ließ mich zwinkern und als mein Blick wieder auf die Luke fiel, hattest du mich entdeckt. In deinem leeren Zimmer saßt du im Schneidersitz auf deinem Teppich und vor dir kochte der Topf mit dem Reis, Dampf stieg auf und hüllte dich ein, stieg hoch bis zur Decke deines Zimmers, erreichte die Luke, perlte dort in feinen Tropfen am Glas ab und rann der Zimmerwand entgegen. Durch den Dampf hindurch sahen wir uns an. Wenige kleine Schritte ging ich den Mauergrat entlang und meine scharfen Krallen kratzten über den kalten Stein. Ich wippte mit dem Kopf, machte einen kleinen, unschlüssigen Satz, wollte schon aus deinem Blickfeld verschwinden, entschied mich aber doch dagegen, hielt inne, legte meinen Kopf schräg und blickte wieder in dein Gesicht, das zu mir aufsah, müde und grau gezeichnet vom langen Tag, der hinter dir lag, doch mit wachen, dunklen Augen. Ich sah deine Locken, die so schwarz waren, wie meine Federn. Ich sah, wie du dich langsam erhobst und die wenigen Schritte durch dein Zimmer hindurch zur Luke gingst. Über mir lag der Himmel längst in tiefdunkles Blau getaucht und der Schnee, der, vereist, vom Tag zurückgeblieben war, schimmerte violett. Ich hörte, wie du die Luke öffnetest. Der Duft des kochenden Reises stieg aus deinem Zimmer in die Nacht auf. Ich sah dein Gesicht jetzt hinter der offenen Luke, sah den Rauch beim Atmen aus deinem Mund aufsteigen, sah, wie du, schutzlos mit dem Kopf in der Winternacht, frorst. Auf dem Mauergrat machte ich kehrt, ging die wenigen Schritte zurück, pickte mit meinem Schnabel in die dunkle Luft, stieß ein leises Krächzen aus. Du blicktest mir nach. Und schließlich stieß ich mich mit den Krallen vom kalten Rücken der Mauer ab, sprang mit einem einzigen Flügelschlag auf den schmalen Grünstreifen vor deiner Luke, spürte die hartgefrorene Erde zwischen den nachgebenden Grashalmen unter mir. Hinter deiner Lukenöffnung erschrakst du ein wenig über meine plötzliche Bewegung und kurz verschwand dein Kopf in deinem Zimmer. Ich faltete meine Flügel erneut sorgfältig hinter dem Rücken. Vor dem Hintergrund der dunklen Mauer verschwammen meine Umrisse. Als dein Gesicht zurückkehrte, lag kaum eine Armlänge zwischen uns. Ich konnte deine Schultern sehen, die zu zittern begonnen hatten. Ich sah, wie du die Hand öffnetest und, vorsichtig, behutsam, als wäre es zerbrechlich, ein wenig weißen Reis vor die Luke ins Gras legtest, der dampfte hell in die kalte Düsternis und als ich näher herantrat, spürte ich unter meinen Krallen, dass die Erde um den Reis herum taute. Ich sah den Rauchwolken hinterher, die, aufsteigend, in der Nachtluft ausdünnten, aufgedun-

sen, wabernd, immer durchsichtiger werdend und sich schließlich auf Höhe des Mauergrats auflösten. Über mir leuchtete hell
der erste Stern vom klaren Himmel. Ich wusste, dass du ihn nicht
sehen konntest. Vorsichtig schob ich meinen Kopf nach vorne,
beobachtete dich dabei von der Seite, wie du mir zusahst, öffnete
meinen Schnabel einen Spalt breit, nahm zwei, drei der abge-
kühlten Reiskörner, spürte den feinen Duft, der sich in meinem
Schnabel ausbreitete, schluckte sie herunter, trippelte ein wenig
um das Reishäufchen herum, blickte wieder zu dir, der du, ganz
ruhig, hinter deiner Luke wartetest, nahm noch einmal einen
Schnabel voller Reis. Vielleicht, so dachte ich, wünschtest du dir
in diesem Moment, ich wäre keine schwarze Krähe aus den Bäumen von der anderen Straßenseite, sondern eine der schneeweiß-
ßen Tauben, die, damals, vor langer Zeit, auf dem großen, präch-
tigen Platz deiner Heimatstadt, furchtlos, gurrend, sich im dichten
Gedränge mit den Flügelspitzen voranstupsend, um deine Beine
gestrichen sind und nach den Körnern gepickt haben, die du
ihnen auf die blanken Fliesen geworfen hast. Die, manchmal,
aufgeflattert sind, nervös, mit aufgeplusterten Kröpfen, die sich
dann aber wieder beruhigt haben, zurückgekehrt sind, zu deinen Füßen. Mit denen du gesprochen hast. Die dich verstanden
haben. Und als du dich, kniend, zwischen ihnen niedergelassen
hast, ist vielleicht eine von ihnen, die mutigste, aufgeflogen, hat
sich, mit hellroten Krallen, halb flatternd, halb sitzend, auf deiner ausgestreckten Hand niedergelassen, hat mit weichem Schnabel ganz vorsichtig ein Korn aus deiner Hand gefressen, und du
hast gelacht vor Glück, mitten in der Wolke aus schneeweißen
Tauben. Und während ich nach dem Reis pickte, sah ich, im spärlichen Licht deines Zimmers, das kaum dein Gesicht erhellte,
wie du weintest, und deine Tränen, waren so schwarz wie meine
Federn.

Mit schräg gelegtem Kopf lausche ich dem Gesang der anderen
Krähen aus den Baumkronen, als wäre ich, an diesem Abend,

keine von ihnen. Mein Gefieder glänzt matt im Abendrot. Zu meinen Füßen, weit unten, schließt das Unkraut seine schmucklosen Blüten, rollt die staubigen Blätter von der Maueroberfläche, die trotz der Sonnenwärme untertags, nachts kalt und abweisend wird. In meinem Rücken drückt der schwere Atem der Wohnblocks gegen die Mauer. Ich schließe meine Augen und der Wind streicht mir sanft über die Federn.

Ich stelle mir vor.

Wenn du noch hier wärst, käme ich dich jeden Abend besuchen. Vor deiner Luke würde ich warten, bis du nach Hause kämst. Vielleicht würden wir zusammen essen. Und du würdest sehen, dass jeden Tag der Abend länger werden würde, jeden Tag mehr Licht in deine Kellerwohnung fallen würde. Vielleicht würde , ich deine Sprache lernen und du unsere. Wenn der Frühling beginnen würde, würde die milde, sonnendurchtränkte Luft deine Wände trocknen und die Schatten aus deinen Zimmerecken verjagen. Vielleicht, so denke ich, würdest du sogar manchmal mit mir auf dem Grünstreifen sitzen. Wir würden die Köpfe an die Mauer lehnen, und so könntest du endlich die Sterne sehen. Und eines Tages, ich bin mir sicher, würden wir zusammen die Mauer erklimmen. Ich würde vorausfliegen. Es wäre leicht für dich, mir zu folgen. Vielleicht säßen wir dann jetzt zusammen hier, du mit baumenden Beinen, und das Unkraut würde, mit seinen langen Fühlern, über deine Fußsohlen tasten, und ich, wie jetzt, mit im Rücken verschränkten Flügeln. Vielleicht würdest du mit einer Hand über mein glattes Gefieder streichen und ich würde die Schwielen spüren, die sich dort, über deinen Knöcheln, gebildet hätten. Vielleicht würdest du mir erzählen, vom Himmel und deinem Wunsch, ihm nah zu sein, als du, als kleiner Junge, auf dem Dach deines Hauses schliefst. Als du, als junger Mann, einen Ausweg suchtest. Als du, auf dem langen Weg hierher, unzählige Mauern bezwangst, die dich aufhalten sollten. Als die letzte von ihnen dir den Blick auf den Himmel nahm, wie einem, der nicht hierhergehörte.

Noch viele Abende werde ich hier sitzen und auf dich warten. Ich weiß, es wird vergeblich sein, denn du wirst nicht wiederkehren. Ich werde hier, auf der Mauer, an dich denken und wünschen, dass auf dem Weg, den du wohl weitergehen musstest, keine Mauern mehr vor dir liegen werden.

Als die Sonne hinter den Baumkronen verschwindet, breite ich meine Flügel aus. Ich stoße mich ab vom Mauergrat, segle, in einem weiten Bogen, hinauf zu den anderen Krähen, ich setze mich zwischen sie auf die kahlen Äste und umgeben vom Rascheln der Misteln stimme ich ein in ihren lauten, krächzenden Gesang.

Jacob

Eine Erinnerung an den Dichter Jacob Picard

Daniel Mylow

Wangen am See

Jacob flüsterten die Stimmen Jacob erzähl und Jacob Picard fand
sich am ersten Oktober 1967 am Ufer eines sternlosen Morgens
im Gittermuster des Lichts das über sein Bett gefallen war wie in
einem Traum einem letzten Traum vor dem Fenster ein Netz fei-
ner weißer Linien über dem sich jenseits des Sees die blaue Mor-
genluft verbarg die Silhouette von Konstanz die aneinander ge-
reihten Kämme der Berge der Säntis Renate flüsterte er Renate
aber das Zimmer im Altenheim war leer da begriff er die Stimmen waren in ihm so wie damals schon auf der Halbinsel Höri
vom Tag seiner Geburt am 11. Januar 1883 an alles zerdehnte
Zeit war die Landschaft am Untersee ganze Nachmittage auf
dem Seesteg im Uferschilf oder im Wald des Schiener Berges von
seinem Wohnhaus waren es nur wenige Schritte bis zum See in
dessen Uferzonen er an manchen Tagen seltsame Relikte fand so
dass die Zeit ihm wie eine verwehende Stimme erschien die er
nicht verstand aber der er folgen musste durch die Labyrinthe
eines späten Nachmittags vor den grün wattierten Schemen des
nahen Schweizer Ufers oder in den stillen Stunden in der Synagoge am See während der Sommer vor den Mauern wartete in
einem Gewirr aus Licht und Schatten hinter den grünen Fens-
terläden der großen Bürgerhäuser und Höfe eine Stimme die so
gegenwärtig blieb das sein ganzes Leben davon erfüllt war dass
es die Luft war um ihn herum von Anbeginn auch noch in Konstanz wohin seine Familie 1895 übersiedelte wie blass seine Erinnerungen an die Zeit auf dem Gymnasium waren an ein Mäd-

chen von der Seestraße an die Lichtreflexe auf dem See der hier vorgab ein Meer zu sein und manchmal wenn man davon träumte lag am anderen Ende Amerika im verschwommenen Abendlicht von all den verlorenen Orten konnte doch nur die Literatur erzählen Jacob wollte mehr mehr von Hebbel, Keller, Gotthelf und George lesen doch das Studium der Germanistik und Geschichte enttäuschte und nach nur zwei Jahren in München und Berlin wechselte er 1905 zur Jura schrieb seine Dissertation und im gleichen Jahr 1913 hielt er seinen ersten Gedichtband *Das Ufer* in den Händen stolz auf all die Veröffentlichungen im *März* der *Schaubühne* den *Rheinlande* doch sich seiner Herkunft nur bewusst wie etwas das in den wurzellosen Flussbetten der Luft aufschien und wieder verging.

Der dunkle Rufer

Orte wurden verlassen Jahreszeiten kamen und gingen Menschen blieben nur in der Erinnerung Jacob stützte sich auf in seinem Bett wie deutlich es ihm auf einmal wurde warum er das alles aufschreiben musste Schreiben ist Erinnerung wie gerne würde er noch einmal auf die Höri zu den dunkelblauen Schatten der Berge im See seinem Dorf seinem Seebad dessen Häuser aus dem graugrünen Widerschein des Sees wie Quarzsplitter in die Geometrie der Landschaft gesteckt schienen vielleicht würde er noch immer dort leben oder in Heidelberg wenn nicht der Krieg gewesen wäre plötzlich fielen ihm seine eigenen Gedichtzeilen ein

> *denn im Nebel löschen allzufrüh*
> *Häuser, Kirche und bebuschte Ufer*
> *Keiner überhört den dunklen Rufer*
> *Der in jedem von uns wohnt; verglüh*

145

wenn er auch selbst aus dem Krieg zurückgekehrt war nach Konstanz ein Überlebender sagte er sich waren zwei seiner Brüder nicht zurückgekommen von Dunkelheit zu Dunkelheit trieb ihn die Erinnerung in Gedichte der Band *Erschütterung* erschien 1920 in dieser Zeit arbeitete er als Rechtsanwalt in Konstanz und blieb im Herzen doch immer Dichter in seinem Zimmer spürte Jacob wie es in manchen Augenblicken immer dunkler um ihn wurde ein jäher Schwindel erfasste ihn dann wieder sah er wie der erste Tagesschimmer das Fenster auszufüllen begann so wie damals als er Frieda Gerson das erste Mal begegnet war an einem Morgen der noch keiner war 1924 die Heirat der Umzug nach Köln wo er bis 1933 blieb obwohl die Ehe schon 1929 wieder geschieden wurde ein andauerndes Missverständnis eben und Renate seine einzige Tochter zurückblieb während es ihn nach Berlin zog manchmal war er J.P. Wangen manchmal Jakob Badner dann wieder Jacob Picard Essayist Kritiker Schriftsteller aber wurzellos wie in einer Wabe aus Licht Licht das er unverhofft wiederfand auf der Höri war es erinnerte er sich in einem Gasthaus in Horn 1936 bis 1938 bevor er Gertrud Kolmar traf in Berlin deren Gedichte ihn so berührt hatten doch halt: die Erinnerung war immer schneller als die Sprache sie festzuhalten 1936 also endlich wieder auf der Höri traumbestirntes Universum seiner Kindheit gerade aus der Reichsschrifttumskammer ausgeschlossen die Arbeit an den *Erinnerungen eigenen Lebens* und an zwölf Novellen deren menschliche Wärme Tiefe und stille Größe nicht nur Hermann Hesse später so gelobt hatte und die dann unter dem Titel *Der Gezeichnete* 1938 in einem jüdischen Verlag erschienen um gleich wieder eingestampft zu werden das hieß knapp zwei Jahre schreiben sich von der Stille leerer Räume eingehüllt in eine Welt zu schreiben die nicht mehr existierte die Welt des Landjudentums in den stillen Dörfern seiner Heimat eine Welt voll tiefen Glaubens der Landarbeit und der Freiheit wie sie in den Städten für die Juden längst nicht mehr existierte.

Flucht

Jacob Jacob ... vielleicht war ja doch jemand im Raum durchfuhr es ihn aber auch so tat es gut sich zu erinnern ganz gleich ob ihm jemand zuhörte oder nicht Jacob hatten ihn 1938 schon so viele gewarnt du musst fliehen fort von hier 1940 war es als seine badischen Landsleute alle schon deportiert wurden da war er auf der Flucht in die USA auf wie vielen Schiffen war er gereist wie viele Länder hatte er durchquert angekommen war er nie in Amerika schlug er sich durch als Hilfsarbeiter Gärtner Krankenpfleger Lehrer am College dann das unverhoffte Glück des Stipendiums endlich konnte er die Biografie des 48'er Generals Franz Sigel schreiben des Helden seines Großvaters das bedeutete in Amerika in Deutschland sein erinnerte er sich und 1946 sogar amerikanischer Staatsbürger werden doch manchmal reichte ein einziger sonnenheller Nachmittag eine schaumweiße Spur auf dem Wasser das flimmernde Gespinst der Wolken oder ein lichtblaues Viereck vom Himmel und er war wieder in Wangen saß auf dem Steg und ließ die Füße in den Seewind baumeln sah den Fischern bei der Arbeit zu während andere die Winterboote teerten niemand beschimpfte sie hier als Juden weil sie viele waren ein aufrechtes Volk selbstbewusst dem Glauben der Väter verhaftet und frei und Jacob fragte sich während seine Erinnerung schon gläsern und brüchig wurde wie das sein durfte dass ein ganzes Volk zwischen Tolerierung und Vertreibung so einfach verschwinden konnte wie Schnee auf den Feldern ganz schwindlig wurde ihm bei dem Gedanken und für einen Augenblick fand er es schwer sich zurechtzufinden zwischen dem Zimmer hier in Konstanz Amerika und der Höri in seinem Zustand klammerte er sich an Jahreszahlen das half immer doch die meisten Jahre in Amerika erschienen ihm wie ein nebliger Lichtfleck oder er hatte keine Kraft mehr sich daran zu erinnern 1957 erst war er das erste Mal wieder in seiner Heimat gewesen von da an reiste er jedes Jahr einmal an den Bodensee wieder auf der Höri zu sein mutete seltsam an als liefe er durch ein stilles leeres Land verloren gegangener Orte manchmal strich der Atem des Landes ganz ruhig über ihn die Nächte waren windig sternlos kalt und er fühlte sich wie am Ufer einer zerbrochenen Welt von unsichtbaren Mauern umgeben während irgendwo anders der Sommer auf jemand anderen wartete dabei war hier auf der Halbinsel fast nichts zerstört nur die Häuser die Menschen Wälder Hügel und der See schienen ihm als hätte der Kreidestrich eines Kindes sie gezeichnet so als könne das alles wenn man nicht aufpasste im nächsten Moment verschwinden so wie die Synagoge am Seeufer 1938 in Flammen aufgegangen war.

Heimfahrt

Da wir müd vom Fischen heimwärts kehren,
Feuchte Netze hingen über Bord,
Hören wir verhüllt nur da und dort
Andre, die die Winterboote teeren.

Leise flüsterte Jacob seine eigenen Zeilen vor sich hin jede Zeile wie ein blasser Farbschimmer der sich an die Vergangenheit heftete jetzt war er mit dem Erinnern schon fast in der Gegenwart 1963 wie sehr hatte er sich über die Neuauflage seiner Erzählungen bei DVA gefreut und dann die Nachricht dass die Stadt Überlingen ihm den Bodensee-Literaturpreis verleihen wolle 1964 jetzt endlich hatte er gedacht war Deutschland wieder eine Möglichkeit bevor er 1965 wirklich zurückgekehrt war obwohl ihm nur ein Altersheim in Konstanz und das unabweisbare Gefühl dass sein Körper langsam verfiel geblieben war gab es doch taghelle Stunden in deren Licht die Dunkelheit um ihn herum wie Glas zersprang schreibend sah er dann auf seine Kindheit das Sommerweiß der Himmel am frühen Morgen über dem grünen Wasser den zum Horizont fliehenden dicht bewaldeten Hügeln warmen stimmenerfüllten Stunden mit der Familie in dem großen Haus an der Hauptstraße tausenden scheinbar von allem losgelösten Momenten die als Erinnerung getarnt Fiktion wurden und deren Fiktion die Erinnerung behauptete während die Gegenwart nur noch wie ein rasch verwehender Hauch um ihn in diesem Zimmer war so wie sein Volk fast verschwunden wäre fast so sagte man ihm hätte es nicht Chronisten wie ihn Jacob Picard gegeben der sich gegen das Vergessen erinnerte damit andere sich erinnern konnten und Jacob lächelte zum ersten Mal an diesem Morgen des ersten Oktober der sich hell und dunstverhangen über den See geschoben hatte und niemals zu enden schien.

Damals, als ich noch ein Mensch war

Andreas Schmid

Als die ersten Bomben fielen, habe ich gelacht. Schau. Ein Keller. Da, auf der leeren Kartoffelkiste, mein Opa, mit seinem langen Bart und seiner roten Nase. Auf dem Boden vor ihm meine kleine Schwester und ich. Im Schubkarren in der Ecke meine kranke Mama, eingepackt in drei Decken. Das war alles, was noch übrig war von meiner Familie. Die anderen brauchten keinen Schutz mehr. Die anderen waren schon sicher unter der Erde. So. Da saß ich also und schmollte. Nach dem Streit mit meiner Mama war mir wirklich nicht nach Gesellschaft zumute. *Wie oft hab ich dir schon gesagt, entfern dich nicht zu weit vom Haus! – Aber Mama! – Kein ABER. Ich wär fast gestorben vor Sorge, als der Alarm losging und du nicht da warst. Ab in den Keller. – Aber – Ab. In. Den. Keller.* Ab in den Keller bin ich also, meine Mama verfluchend, den Krieg verfluchend, den Alarm verfluchend. Vor allem den Alarm. Der „Alarm" schien nämlich einfach ein kaputtes Gerät zu sein, das alle paar Stunden losheulte, ob Gefahr drohte oder nicht. Die Bomber flogen ohnehin immer vorbei. Hier gab es nichts, worauf es sich lohnte zu schießen.

Einmal am Schmollen, konnte mich nichts mehr aufhalten. Nie wurde ein Boden so finster angestarrt, nie wurden Finger so geräuschvoll zu Fäusten geballt, nie schwirrten so düstere Gedanken durch die Luft. Meine kleine Schwester – die noch zu jung war, um zu verstehen, was gerade passierte – wurde schon bald von meiner deprimierenden Aura angesteckt und begann zu weinen. Warum genau sie weinte, wusste sie nicht, aber sie spürte, dass Weinen eine angemessene Reaktion in dieser Situation war. Damit war der Geduldsfaden meines Opas – der mich schon seit geraumer Zeit missmutig betrachtet hatte – endgültig gerissen.

Mit bösem Blick erhob er sich von der Kartoffelkiste und türmte sich vor mir auf, die Hände in die Hüften gestemmt. Ich traute mich nicht, in sein Gesicht zu schauen. Bibbernd und zitternd schmollte ich in Richtung Kartoffelkiste, während ich verzweifelt telepathische Nachrichten an den Turm vor mir sandte, sich doch bitte bitte wieder auf seinen alten Platz zurückzubegeben. Der Turm – offenbar nicht so telepathisch begabt wie ich – bekam davon nichts mit. Stattdessen zog er seine Hose bis zur Brust hoch und setzte sich im Schneidersitz vor mich hin, die Arme verschränkt, die Mundwinkel noch tiefer als meine – als würde er sagen wollen, ha! *Was glaubst du denn, wer dir das Schmollen vererbt hat, du kleiner Hosenscheißer?* Ich schaute verlegen auf die Seite, aber ich konnte seinem Blick nicht entkommen. Überall verfolgte er mich – kitzelnd im Nacken, rasend in den Gedanken, pochend im Herzen. Als ich endlich den Mut aufbrachte, meinem Opa ins Gesicht zu schauen, da nahm er seinen langen Bart, führte ihn an beiden Seiten über die Ohren und band ihn oben zu einer Schleife zusammen. Dann verschränkte er wieder die Arme vor der Brust und schmollte noch mitleidserregender – sofern das überhaupt möglich war. Die Bartschleife, die rote Nase, die bis zur Brust hochgezogene Hose, das Schmollen – es war einfach zu viel. Ich prustete los.

Als die Erde zu beben begann, da lachte ich einfach weiter,

denn das Beben gab es nicht, es gab nur meinen Opa und mich.

Und als die Erde in Flammen aufging, da lachte ich einfach weiter,

denn das Feuer gab es nicht, es gab nur meinen Opa und mich.

Und als die Schreie aus den Häusern erklangen, da lachte ich einfach weiter,

denn die Angst gab es nicht, es gab nur meinen Opa und mich.

Ich lachte und lachte, bis die Bombe das Lachen ein für alle Mal beendete.

Eine sanfte Brise weht über das Feuer, und ein einsames Ahornblatt löst sich von seinem Ast. Komm mit, säuselt die sanfte Brise.

Im Keller haben wir viel Zeit verbracht, mein Opa, meine Mama, meine Schwester und ich. Früher gab es auch noch einen großen Bruder, aber der war schon lange nicht mehr da. An einem Abend hatten wir noch im See nach Steinen gefischt – du weißt schon, die flachen Steine, die auf dem Wasser hüpfen, wenn man sie richtig wirft. Am nächsten Tag war er einfach weg. So wie Mamas silberner Teelöffel. Im Gegensatz zu Mamas silbernen Teelöffel – der immer verschwand, aber immer wieder auftauchte – kam mein Bruder allerdings nicht wieder zurück. Mama hat danach tagelang geweint, kaum noch etwas gegessen, kaum noch geschlafen. Ich durfte nicht mal nach ihm suchen. Erst viel später habe ich die Wahrheit erfahren, als der Mann in der braunen Uniform die erschütternde Nachricht brachte. Gestorben in einem fernen Land. Allein. Hätte Mama mir erzählt, dass mein Bruder für den Krieg rekrutiert worden war, dann wäre ich vielleicht nicht so wütend auf sie gewesen. *Ich verliere nicht noch einen, nicht noch einen,* hatte sie jedoch nur geschluchzt. Ich hätte sie am liebsten angeschrien und gesagt, sie könne doch gar nicht wissen, dass mein Bruder verloren sei, wenn sie nicht nach ihm suche. Aber ich wollte meine Mama nicht noch unglücklicher machen. Also habe ich mich zurückgezogen – meistens an den See, an dem mein Bruder und ich so viel Zeit verbracht haben – und habe geweint. Heimlich natürlich. Immerhin war ich ein Mann, und Männer weinen nicht. Du wirst es keinem erzählen, ja?
Komm, ich zeig dir den See. Es gibt ihn auch heute noch. Das Feuer hat ihm nichts anhaben können. Er ist trotzdem anders. Trauriger. Das Geräusch von lachenden Kindern ist weg. Heutzutage kommt auch niemand mehr, um heimlich sein Herz aus-

zuschütten. Obwohl der See immer noch zuhören würde, da bin ich mir sicher. Ein See ist der beste Zuhörer, den man sich wünschen kann. Still. Beruhigend. Er streichelt über deine Haut, wenn du dich näherst. Er wäscht deine Sorgen hinfort, so liebevoll, dass du es gar nicht merkst. Würdest du auf den Grund des Sees tauchen und genau hinhören, dann würdest du die Sorgen und Ängste flüstern hören, die der See in seinen Tiefen versteckt hat. Ein See vergisst nämlich nichts.

Wir gehen auf einen dichten Wald zu. Es scheint dort nichts zu geben außer endlose Dunkelheit. Du brauchst dich aber nicht zu fürchten. Schau, schon nach fünfzig Metern lichtet sich der Wald, und wir stehen am Ufer des Sees. Es gibt keinen Strand. Da ist ein kleines Stück Wiese, und dann geht es runter, hinein in den See. Es ist überall so, aber an manchen Stellen ist es seichter als hier – besser zum Steine sammeln. Man kann ohne weiteres auf die andere Seite schwimmen, es ist nicht weit, dreihundert Meter vielleicht. An allen Seiten wuchert der Wald, es ist richtig idyllisch. Für die Männer in den Wolken muss der See wie ein leuchtendes Auge in der Dunkelheit gewirkt haben. *Das Auge Gottes* – haben mein Bruder und ich ihn immer genannt – das uns beschützt vor allen Gefahren.

Schließ deine Augen. Du hörst die Grillen und Frösche, die munter ihre Lieder singen. Du spürst die Wärme der Sonne auf deinem Gesicht, während das kalte Wasser träge deine Füße umströmt. Du fühlst eine sanfte Brise in deinen Haaren, die schon lange vergessene Erinnerungen zu dir bläst. Da ist ein Ruderboot in der Mitte des Sees. Zwei grölende Jungen sitzen darin, als Piraten verkleidet. Mein Bruder und ich. Nachdem unsere Mama herausgefunden hatte, dass wir ihren Rum – den sie immer zum Backen verwendete – geklaut hatten, und ihn als Piraten verkleidet auf einem Ruderboot im See getrunken hatten, da hat sie uns so richtig die Hölle heißgemacht. So wild hat sie geschrien und geschluchzt, dass man manche Wörter gar nicht mehr verstehen konnte. *Ertrinken hättet ihr können, EEEEE – IIIII – NNNN! Aber daran habt IIIIII natürlich nicht gedacht, hIIIIIII kleine Rotzlöffel. Wenn einer von euch in den EEEEEE gefallen wär, Hi-hi-himmel Herrgott Mutter Maria, steh mir bei. Hättest du noch schwimmen können? Hättest du noch schwimmen können? Dass eiheiheihner von euch mal an seine arme Mama gedacht hätt.* Sie hat uns wirklich leidgetan. Allerdings drehte sich die Welt in diesem Moment wie ein Karussell, und dem Besen in der Ecke – den wir letztendlich adressierten – war unsere Entschuldigung reichlich egal. Also haben wir Hausarrest bekommen. Zwei Wochen lang. Dazu drei Tage lang keine andere Kost als Wasser und Brot. Das war aber nicht so schlimm. Alles andere wäre vermutlich ohnehin nur oben wieder rausgekommen.

Wir haben unserer Mama nie erzählt, warum wir den Rum wirklich geklaut hatten. Es war mehr als ein Piratenspiel; mehr als zwei Jungs mit viel Blödsinn im Kopf.

„Das brauchen wir, weil mir der Mumm fehlt", sagte mein Bruder, und nahm einen großen Schluck Rum. „Austrinken, Seemann!"

„Ay, ay, Captain!" Auch ich nahm einen großen Schluck. Es schmeckte fürchterlich.

„Wie viel Finger seig ich h-in de Luft?", fragte mein Bruder, nachdem ich ihm die Flasche zurückgegeben hatte. Ich blinzelte, schüttelte den Kopf, und zählte. Es dauerte lange. Viel zu lange.

„Wie viel Finger seig ich h-in de Luft, Seemann!" Wieder blinzelte ich, schüttelte den Kopf, und zählte.

„Dreisehn, Captain", antwortete ich schließlich. Nachdenklich starrte ich auf meine eigenen Finger und zählte nochmal nach. Als ich bei dreizehn angekommen war, hörte ich einfach auf. Ich hatte keine Lust mehr zu zählen.

„Sehr gut", sagte mein Bruder. „Ich muss dir nä… nämlich was erzählen, aber ich möcht nicht, dass du dich erinnerst. S is nämlich nichts, was n Mann sagen würd. Aber s muss endlich raus, s muss endlich raus." Mein Bruder holte tief Luft. „Ich hab Angst zu sterben."

Schockiert starrte ich ihn an. Es war, als hätte jemand ein Schwert in mein Herz gerammt, so weh tat es, ihn das sagen zu hören.

„Seit Papa... seit sie ihn... ach, du weißt schon... da musst ich so oft dran denken, wie er sich wohl gefühlt hat, wie's sich anfühlt, ne Kugel in den Kopf zu bekomm'n."

Mir ging es genauso, aber ich konnte nichts sagen, ich hatte nicht so viel Mut wie mein Bruder. Ein fetter Kloß steckte in meinem Hals.

„Ich kann nachts kaum noch schlafen, weil ich immer dran denken muss, wenn ich nicht abgelenkt bin, und dann schnürt sich mein Hals zu, ich kann nicht mehr atmen, ich möcht am liebsten einfach schreien. S is genauso wenn der Alarm losheult, und ich die Flieger in der Luft hör, dann ... dann ..." Die Hand, in der er den Rum hielt, zitterte unkontrolliert. Vergeblich versuchte er, sie mit der anderen Hand zu beruhigen. Er drehte den Kopf zur Seite und schluchzte. „Ach Scheiße Mann. Ich bin jetzt bald alt genug, kleiner Bruder. Vielleicht holen sie mich bald ..."

„Nein", sagte ich, und begann nun ebenfalls zu Schluchzen. „Nein, nein, nein." Ich schüttelte meinen Kopf, immer und immer wieder, in der Hoffnung das Gesagte ungesagt zu machen, die Wahrheit unwahr. „Wenn se kommen, da ... dann versteck'n wir uns hier. D's Auge Gottes beschützt uns, s beschützt uns, s weißte doch."

Mein Bruder lächelte schwach und boxte mir in den Arm.

„Auf geht's, Seemann, noch'n Schluck! Sollst dich ja an nichts mehr erinnern."

„Ay, ay, Captain." Es war mir egal, wie schrecklich es schmeckte. Ich nahm den Rum und trank, bis mein Bruder mir lachend die Flasche wegnahm.

Wir gehen weiter, weg von dem See, der diese Erinnerung bis zum heutigen Tage sicher verwahrt hat. Ich wäre gern noch länger bei meinem Bruder verweilt, aber man muss lernen, loszulassen. Außerdem gibt es noch mehr, was ich dir zeigen muss. Hat dich schon mal jemand geküsst? Es ist einfach unbeschreiblich. Es kribbelt und krabbelt im Bauch, das Herz pocht schneller, es fühlt sich an, als hätte man eine Flasche flüssiges Glück getrunken. Da ist ein Spielplatz. Naja, wir nennen es zumindest Spielplatz. In Wahrheit ist es ein uraltes, schäbiges, verlassenes Haus. Löcher im Dach, Spinnenweben und Staub, zerstörte Möbelstücke, ein völlig verwahrlostes Klavier, Kleidungsstücke aus einer schon lange vergessenen Zeit – das übliche Paket eben. Im Garten, in dem mir das Gras bis zu den Knien reicht, steht eine alte Eiche, und an ihr baumelt eine Schaukel. Verdränge den Schutthaufen, das abgerissene Bein, das Blut, die verbrannte Erde. Ein verlassenes Haus, ein Garten, eine Schaukel an einer Eiche. So war es schon immer.

Auf der Schaukel saß das Mädchen mit den roten Haaren. Die Locken schlängelten sich weit über ihre Schultern, fielen ihr ins Gesicht, wirbelten wild durch die Luft im Spiel mit dem Wind. Sie trug ein weißes Sommerkleid, sonst nichts. Hätte ihre Mutter gesehen, wie dreckig ihre Füße und ihr Kleid waren, hätte sie mal wieder eine Nacht im Hundezwinger verbringen müssen. *So wie du benimmt sich nur ein wildes Tier,* hätte ihre Mutter gesagt, *also schläfst du auch bei den wilden Tieren.* Das hätte ihr aber nichts ausgemacht. Manchmal schlief sie sogar freiwillig im Hundezwinger, weil sie nach einem langen Gespräch und viel Kuscheln mit ihrem Hund einfach eingeschlafen war. Gerade landete ein Marienkäfer auf ihrer Nase, angezogen von den zarten Sommersprossen, die dort wie ein Meer aus Blumen blühten. Ihre blauen Augen strahlten vergnügt und sie nahm den Marienkäfer auf den Finger.

„Na, kleiner Mann, was bringt dich hierher? Deine Königin schickt dich? Dann schieß mal los – was sollst du mir von deiner Königin ausrichten?"

Ich könnte stundenlang in diesem Moment verweilen. Immer wenn der nächste Moment seine garstige Fratze durch die Tür steckt, dann möchte ich sagen, nur ein bisschen noch, ein bisschen länger. Ich bin glücklich. Lass mich glücklich sein. Ein bisschen noch. Ein bisschen länger. Ich kann noch nicht loslassen – meine Gedanken sind noch zu aufgewühlt, mein Herz zu schnell, meine Gefühle zu unkontrolliert – aber der Moment entgleitet mir, sickert durch meine Finger, verschwimmt im Strom der Zeit. Bald schon ist er verloren. Die Geschichte stampft weiter – BUM, BUM – achtlos, unaufhaltsam.

Ein Schatten. Überrascht schaute das Mädchen auf. Drei übel aussehende Jungs standen vor ihr – einer dick, der andere dünn, der letzte durchschnittlich gebaut. Die drei Ds. Ja, ja, wir kannten sie, wir fürchteten sie, sie hatten einen Hang zur Gewalt. Oft gab es keinen rationalen Grund, (aber wann gab es schon jemals einen rationalen Grund?), meistens war es einfach eine unglückliche Situation. Man saß zur falschen Zeit auf der falschen Schaukel, dick D war mit dem falschen Fuß auf der falschen Seite des Bettes aufgestanden, die Sonne brannte zur falschen Stunde auf die falsche Stelle – falsche Fehler wie diese eben. Dick D hatte wohl etwas gesagt, aber ich bekam es nicht mit. Das Mädchen starrte an ihm vorbei auf mein Versteck hinter dem Busch. Sie hatte mich entdeckt. Mein Herz raste. Ich hatte sie nicht beobachtet. Nicht lange zumindest. Ich war dort eingeschlafen. Es war schon öfters passiert. Nach dem Essen, draußen, unter der erdrückenden Mittagssonne, ein perfekter Ort für ein Nickerchen, da hinter dem Busch, ruhig, im Schatten. Als ich aufgewacht war, hatte ich das Mädchen auf der Schaukel entdeckt. Die Zeit war einfach stehen geblieben, meine Umgebung verschwunden, meine Gedanken verstummt. Doch der Traum war nun zerplatzt.

Dick D hatte gerade das Mädchen am Arm gepackt und von der Schaukel gerissen. Es gab keine Zeit zum Überlegen. Ich packte einen Stock und stürmte los, brüllend wie ein tapferer Krieger. Der Stoff für eine wahre Heldengeschichte: ein dürrer Junge gegen die drei starken Bösewichte. Es endete so wie jede Heldengeschichte. Eine Faust traf mich auf der Nase *gebrochen, so ein Mist, wie erklär ich das nur meiner Mama*, Tränen stiegen mir in die Augen, *so ein Mist, hoffentlich sieht sie es nicht*, Blut tropfte auf den Boden, *so ein Mist, immer den Kopf schützen*, hatte mein großer Bruder mir mal beigebracht. Also versteckte ich meinen Kopf unter den Armen, als die Füße mich von allen Seiten in den Boden stampften – BUM, BUM – stampf den Jungen in den Boden – BUM, BUM – stampf dem Jungen in den Hoden – BUM, BUM – eins zwei drei, stampf den Jungen in den Boden – BUM, BUM – stampft die Zeit, immer weiter, immer weiter, achtlos, unaufhaltsam.

Zugegeben, ich kenne nicht viele Heldengeschichten. Nur die von Papa... aber warte noch, es ist noch nicht so weit. Etwas heulte. War es ich? Nein. Zu laut. Der Alarm. Ach! Die drei Ds waren weg. Sie waren auch nur Jungs, die Angst hatten zu sterben. Das Mädchen war noch da. Sie hielt meine Hand, streichelte sanft durch meine Haare, lächelte traurig. Dann beugte sie sich langsam zu mir herab.

Ich spürte ihren Atem auf meiner Wange.

Ich spürte, wie ihre Nasenspitze meine berührte.

Ich zitterte am ganzen Körper

als ihre Nase langsam an meiner entlangstreichelte.

Ich schloss meine Augen.

Da war kein Schmerz mehr.

Da war keine Angst mehr.

Da war keine Welt mehr.

Ihre weichen Lippen berührten meine.

Ganz schüchtern nur.

Ganz zart nur.
Alles war verstummt.
Außer mein Herz,
und ihr Herz.
Bum, bum.
Bum, bum.

Wieder kann ich nicht loslassen, doch auch dieser Moment entgleitet mir, verschwimmt im Strom der Zeit. Eine sanfte Brise weht mich durch die Luft, und ich merke, dass ich ein Ahornblatt bin.

Wohin wehst du mich?, frage ich die sanfte Brise. Die sanfte Brise lacht nur leise, säuselt fröhlich vor sich hin, und bläst mich weiter.

Ich möchte zurück, zurück zu dem Mädchen mit den roten Haaren, sage ich entschieden. Ich war glücklich dort.

Kein Zurück, säuselt die sanfte Brise. Deine Zeit ist bald vorbei, Ahornblatt, und es gibt noch eine letzte Station auf deinem Weg.

Tatsächlich, da ist der Marktplatz. Während wir uns dem Marktplatz nähern, mischen sich Ascheflöckchen in unseren Weg – klagend, weinend, resigniert, deprimiert.

Ich bin 631950, und das war meine Bäckerei, sagt eine, in die Richtung eines kleinen Ladens auf der linken Seite fliegend. Damals, als ich noch ein Mensch war.

Ich bin 321459, und ich habe jeden Sonntag dort neben dem Brunnen auf meiner Gitarre gespielt und die Leute erheitert, sagt eine andere. Damals, als ich noch ein Mensch war.

Ich bin 450888, und ich habe dort in einem kleinen Stand am Markttag mit meinem Mann Gemüse verkauft, sagt eine dritte. Damals, als ich noch ein Mensch war.

Wer bist du, Ahornblatt?, fragen die Ascheflöckchen mich. Ich überlege, aber mir will es nicht mehr einfallen.

Ich weiß es nicht, gebe ich schließlich zu. Es macht mich traurig, niemand zu sein.

Wenn du nur wüsstest, seufzt 632 … 631 … 6318? Ach, ich weiß es nicht mehr.

Eine kleine Holzbühne ist auf dem Marktplatz aufgebaut. Gerade führt ein Mann in einer braunen Uniform eine gefesselte Person mit einer Haube über dem Kopf durch die Menschenmenge, die sich vor der Bühne versammelt hat. Die Situation kommt mir bekannt vor, aber noch immer kann ich mich nicht erinnern. Eine bedrückende Stille liegt über dem Marktplatz. Ein Ort mit so vielen Leuten dürfte niemals so still sein. Ich bin zwar nur ein Ahornblatt, aber ich fürchte mich trotzdem. Ich möchte zurück, zurück zu… ach, ich weiß es nicht mehr. BUM, BUM – stampft die Zeit – BUM, BUM. Der Mann in der braunen Uniform und der Gefangene sind auf der Bühne angekommen. Wortlos wird die Haube vom Kopf des Gefangenen entfernt, und ein Raunen geht durch die Menge.

Da stand mein Papa. Wieso stand mein Papa da auf der Bühne? Ich war zu jung, um das alles zu verstehen, zu jung, um zu begreifen, dass mein Papa sein Vaterland verraten hatte, dass er – einer der ersten, die erkannt hatten, was hier vor sich ging, einer der ersten, die tapfer genug waren, Widerstand zu leisten – nun erschossen werden sollte. Meine schwangere Mama umklammerte meine linke Hand und weinte stumm. Mein Bruder weinte nicht, aber er umklammerte meine rechte Hand so fest, dass ich vor lauter Schmerz fast aufgeschrien hätte. Mein Opa hielt die andere Hand meines Bruders. Er weinte auch nicht, aber er war kreidebleich. Meine kleine Schwester würde erst in zwei Monaten geboren werden. Sobald sie meinem Papa die Haube abgenommen hatten, durchsuchten seine intelligenten, sanften Augen die Menge – nicht mit der gewohnten Ruhe, sondern panisch und gehetzt. Schließlich trafen sich unsere Augen und er seufzte erleichtert. Seine gewohnte Ruhe kehrte zurück, und er lächelte mir beruhigend zu. Ich hörte nicht, was der Mann in der braunen Uniform vorlas. Es war mir auch egal. Mein Papa lächelte, also würde alles gutwerden.

BUM. Es war schnell vorbei.

Wieder bin ich ein Ahornblatt, getragen von der sanften Brise. Ich erhasche einen letzten Blick auf die Trümmer meiner Kindheit – lodernd in den Flammen. Da war das Haus, in dem ich gewohnt hatte, in dem ich bis zum Schluss gelacht hatte. Da war der Spielplatz, in dem ich das große Glück hatte, zum ersten und einzigen Mal in meinem Leben geküsst zu werden. Da war der Marktplatz, der mir zum ersten Mal den wahren Schrecken des Krieges gezeigt hatte. Meine Erinnerungen verblassen, je weiter wir uns entfernen. Die sanfte Brise – fröhlich säuselnd – trägt mich zu einem See. Ein schöner See. Von oben sieht er aus wie ein leuchtendes Auge in der Dunkelheit. Vorsichtig legt mich die sanfte Brise auf das Wasser. Ah. Es fühlt sich gut an, nicht mehr durch die Luft geblasen zu werden. Die kleinen Wellen schaukeln mich behutsam hin und her, wie ein Baby, das in den Schlaf gewiegt wird. Ich schließe die Augen und seufze. Hier gehöre ich hin. Hier bin ich zuhause.

Le sacre du printemps

Noemi Schneider

26. Februar 2022, 17.04 Uhr
Liebe Natalya, wie geht es Dir???? Und Deiner Familie? Ich denke
an Dich!!!

18.22 Uhr
Wir sind alle zu Hause in Dnipro. Wir haben entschieden, dass wir
hier bleiben wollen, solang es möglich ist. Die Russen müssen weg#

Natalya und ich lernen uns im Oktober 2017 in der ostukraini-
schen Stadt Charkiw kennen. Ich bin Teil einer deutschen Schrift-
stellerdelegation, die zu einem Treffen mit ukrainischen Schriftstellern eingeladen ist. Natalya arbeitet als Dolmetscherin bei
der Tagung. Wir begegnen uns kurz nach meiner Ankunft vor
dem Eingang des Hotels in der Sumskastraße 19 beim Aschen-
becher. Natalya ist Raucherin, wie ich. Es ist kalt in der Stadt,
farbige Blätter fallen von den Bäumen. Die Straßen sind in keinem guten Zustand. Die Dimensionen des über 11 Hektar großen Freiheitsplatzes im Zentrum überwältigen mich. Ich fühle
mich fremd und trabe den Ortskundigen hinterher. Auf einem
Markt unweit der Statue des ukrainischen Schriftstellers, Dichters und Nationalheiligen Taras Schewtschenko kaufe ich mir
Hausschuhe aus Schafwolle. Die ukrainischen Nationalfarben
blau und gelb sind darauf gestickt. Neben einer U-Bahn-Station
liegen ukrainische Fahnen und Bilder gefallener Soldaten auf
dem Asphalt, davor stehen Blumen und Grablichter. Soldatinnen
und Soldaten sammeln Spenden für die Hinterbliebenen. Seit
drei Jahren herrscht Krieg in der Ukraine. Während der Tagung,
den verschiedenen Exkursionen, den gemeinsamen Mahlzeiten
und den abendlichen Lesungen lerne ich täglich dazu. Ich habe
keine Ahnung von der ukrainischen Literatur, der ukrainischen
Geschichte und dem Konflikt, der den Alltag der Menschen seit

der Annexion der Krim prägt. Die letzten zehn Jahre habe ich mich an einer anderen Konfliktregion abgearbeitet, dem Nahen Osten. Dort begriff ich: Je mehr man weiß, desto komplizierter wird es. Das trifft auch hier zu.

Eine faszinierende literaturpolitische Geschichtslektion erhalte ich durch den Vortrag der Dichterin Liubow Jakymchuk über den Futuristen und Lyriker Michajl Semenko, der 1937 als „Terrorist" in Kiew hingerichtet wurde. *Streue mir Reime aufs Grab*, schrieb er in seinem Gedicht *Patagonien*. Leben und Werk dieses hierzulande vollkommen unbekannten poetischen Provokateurs sind untrennbar mit den politischen Erschütterungen und Veränderungen am Ende des 19. und zu Beginn des 20. Jahrhunderts verbunden; dem aufkommenden Nationalismus im Russischen Reich, dem ersten Weltkrieg, der Besatzungszeit, dem Bürgerkrieg und schließlich der Gründung der Sowjetunion. Im Anschluss an Liubows Vortrag entbrennt eine heftige Diskussion zwischen ihr und der Schriftstellerin Oksana Sabuschko auf Ukrainisch. Die Dolmetscher kommen mit dem Übersetzen nicht hinterher, es geht um innerukrainische Angelegenheiten und den Krieg. Wir Deutschen sind verwirrt und außen vor.

Die lange Lesenacht im *Haus der Schauspieler* endet mit einem Konzert des Charkiwer Universalgenies Serhij Zhadan und seiner Band Mannerheimlinie. Serhij Zhadan ist Musiker, Dichter, Schriftsteller und Aktivist – und im ganzen Land bei Jung und Alt bekannt und beliebt. Einen wie den *Zhadan*, wie er von den Ukrainern genannt wird, sucht man hierzulande vergebens.

Beim Empfang des Deutschen Generalkonsulats lerne ich den Vizekonsul Peter Schmahl kennen. Schon als 16-Jähriger wollte er so schnell wie möglich raus aus seinem Heimatdorf im Odenwald in den Osten. Nach Stationen in Russland und der Türkei ist er nun in der Ukraine. Die Landessprache lernt er bei Natalya. Vor dem Rückflug kaufe ich Wodka. Der beste der Welt, sagen die Ukrainer.

Zurück in Deutschland bewerbe ich mich um ein Recherchestipendium, mit dessen Hilfe ich ein Radio-Feature über Michajl Semenko realisieren will. Gemeinsam mit Natalya möchte ich auf seinen Spuren durch die Ukraine reisen, denn derzeit erlebt der ukrainische Futurismus eine Renaissance unter jungen Literatinnen und Literaten im ganzen Land. Der Antrag wird abgelehnt, meine finanziellen Mittel reichen nicht aus, um das Vorhaben trotzdem zu realisieren. Stattdessen folge ich im Sommer 2018 für ein Radio-Feature den konfliktreichen Spuren des palästinensischen Dichters Mahmoud Darwish durch Israel und die palästinensischen Gebiete.

Anfang September 2018 kehre ich jedoch erneut im Rahmen des deutsch-ukrainischen Schriftstelleraustauschs in den Osten des Landes zurück: nach Mariupol ans Asowsche Meer, 20 Kilometer von der Front entfernt. Die Stadt war 2014 und 2015 schwer umkämpft.

Es kommt es mir merkwürdig vor, dass ich ausgerechnet und ausschließlich die beiden Städte in der Ukraine besucht habe, die seit Beginn der russischen Invasion im Zentrum der Nachrichtenmeldungen stehen. Zufall? Schicksal? Egal?

Die Farbe, die meine Erinnerung Charkiw zuordnet, ist dunkelblau. Die Stadt schmeckt nach lauwarmem Porridge mit Zimtäpfeln, glasierten Mandeln und Granatapfelkernen, denn der Koch des Hotels, in dem wir untergebracht waren, ist Israeli. Vor meinem inneren Auge tauchen Backsteingebäude auf, Graffitis, Alleen, kaputte Straßen, der Fluss, der der Stadt seinen Namen gibt, und die goldenen Kuppeln der russisch-orthodoxen Kirchen. Es riecht nach Kaffee, Regen und Zukunft. Der Wind ist eisig.

Mariupol hingegen ist silbern. Silbern wie das Asowsche Meer, das ich vom Balkon meines Hotelzimmers aus sehen kann. Kurz nach der Ankunft gehe ich mit einem Kollegen zum Strand und stürze mich wagemutig in die Fluten. Ein paar Stunden später erklären mir die inzwischen eingetroffenen Westukrainer, dass das Wasser schmutzig sei, voller Chemikalien, freiwillig würden sie da niemals rein gehen, ein trügerisches Meer. Mariupol hat die höchste Krebsrate bei Kindern in der Ukraine, der Altersdurchschnitt liegt bei 60 Jahren.

Die Anreise in die Hafenstadt ist abenteuerlich. Wir fliegen nach Dnipro in die Zentralukraine, von dort fahren wir mit dem Nachtzug nach Mariupol. Für die 600 Kilometer lange Strecke benötigt der Zug 12 Stunden. Mit dem Auto dauert es noch länger, die Straßen sind in einem sehr schlechten Zustand. Der Zug besteht aus ausrangierten DDR-Luxuswaggons. Es ist wie im Film: Die verdreckten Fenster lassen sich nicht öffnen / wegen der Klimaanlage / die ist außer Funktion. / Wir wälzen uns schwitzend / auf unseren weichen Pritschen und balancieren / Pappbecher in der Hand / billige Zigaretten im Maul / zwischen den Waggons hin und her. / Zerdeppern die Weinflasche aus versehen / werfen die Kippen / durch den Luftspalt auf die Gleise / schwanken zurück ins Abteil / schaukeln durch die Steppe / 600 Kilometer in 12 Stunden / trinken schwarzen Tee aus Gläsern / im Sonnenaufgang.

Vor den Fenstern tauchen die Silhouetten der Stahlwerke Asowstal und Illitsch auf. Letzteres besuchen wir gemeinsam am nächsten Tag.

Was haben Schriftsteller in einem Stahlwerk verloren, frage ich mich. Es ist unerträglich heiß. Wir tragen Schutzkleidung und Plastikbrillen. Durch die Luft fliegen fast unsichtbare Stahlsplitter, die sich überall hineinbohren. Trügerisch ist auch diese Szenerie.

Während unseres Besuchs im Stahlwerk fährt Serhij Zhadan gemeinsam mit zwei anderen ukrainischen Schriftstellern an die Front. Der Historiker in unserer Runde ist enttäuscht, als er davon erfährt. Auch er wäre gerne an die Front gefahren. Ich nicht. Ich bin Schriftstellerin und keine Soldatin. Und das ist nicht mein Krieg, denke ich und frage mich, was zum Teufel ich hier eigentlich mache. Ich habe genug vom Krieg. Die Luft ist schlecht, nicht nur wegen der Stahlwerke. Erst im Nachhinein erfahren wir, dass es auf der etwa 400 Kilometer entfernten Halbinsel Krim in einem Titanwerk einen schweren Chemieunfall gab, der von den Behörden vertuscht wurde. Vor dem Haus, in dem wir unsere Tagung abhalten, stehen zwei Polizisten zu unserem Schutz. Zwei Wochen zuvor verübten dort Rechtsextreme einen Anschlag auf ein Punkkonzert.

Die Stadt selbst wirkt wie eine verfallene, vergessene Kulisse aus einem Märchenfilm. Viele der leerstehenden Gebäude sind von Efeu und anderen Kletterpflanzen überwuchert. Die Straßen sind voller Schlaglöcher. Die Stadt ist gestorben, sagt irgendwer. Vielleicht schläft sie nur, denke ich. An der Georgijewska-Straße ragen die neoklassizistischen Ruinen der ehemaligen Synagoge in den Himmel. Das Dach fehlt. Im Inneren wachsen Bäume.

In einem Park findet uns zu Ehren ein Buch- und Pressefest statt. Ein Musiker und Literat aus Kiew und eine deutsche Lyrikerin treten gemeinsam auf. Es sind nicht viele Zuschauer gekommen, aber die, die da sind, wippen mit. Die Vorstellung des Films des mitgereisten amerikanisch-deutschen Filmemachers im einzigen Kino der Stadt ist hingegen gut besucht. Im Mittelpunkt steht die Vergangenheitsbewältigung eines ehemaligen Wehrmachtssoldaten, der mit seiner Tochter in die heutige Ukraine reist. Die Reaktionen der Einheimischen sind verhalten. Es ist schwierig, wenn jemand von außen meint, dir etwas über deine Geschichte zu erzählen – auch das habe ich im Nahen Osten gelernt.

Zurück nach Dnipro fahren wir tagsüber. Draußen zieht die dünn besiedelte Landschaft vorüber, endlose Kornfelder, Wälder, Flüsse, Seen, bis die Sonne untergeht. Am Bahnhof in Dnipro gibt es eine Schlägerei. Am nächsten Morgen zeigt mir Natalya ihre Heimatstadt. Wir spazieren zusammen über einen Markt am Ufer des Flusses, der der Stadt seinen Namen gibt. In einer kleinen Kapelle entzünde ich eine Kerze. Zum Abschied schenkt mir Natalya zwei Paar Socken und allerlei Kleinigkeiten.

Am Flughafen herrscht Chaos. Der Flieger ist heillos überbucht, die Mitarbeiter der Fluggesellschaft bieten den Reisenden Geld und eine kostenlose Übernachtung an, wenn sie bleiben. Ich muss zurück, wie alle anderen. Im Flugzeug neben mir sitzt ein Ukrainer, der in einer Tour niest und hustet. Ich wickle meinen Schal um Mund und Nase und verkrieche mich immer tiefer in meinen Sitz, bis er mich antippt und mir sein Handy hin hält. Auf der Übersetzungs-App steht: „Ich habe eine Allergie".

Natalya und ich sehen uns nicht wieder. Meine für Mai 2020 geplante Reise in die Westukraine fällt der Pandemie zum Opfer. Als Natalya im vergangenen Sommer mit ihrem Sohn Urlaub am Bodensee macht, bin ich in Venedig.

> 1. März 2022, 12.23 Uhr
> Liebe Natalya, wie geht es Euch?
>
> 17.05 Uhr
> Wir sind OK

Die Grafikdesignerin aus der Bürogemeinschaft im Erdgeschoss fragt mich, wie mein Wochenende war. „Okay", sage ich, „und bei dir?" „Anstrengend." Sie ist damit beschäftigt, Wasser- und Lebensmittelvorräte anzulegen und ihren Keller zum Schutzraum umzufunktionieren. Ich weiß nicht, ob ich lachen oder weinen soll.

In Venedig wird Karneval gefeiert, das Theater bei mir um die Ecke hisst die ukrainische Fahne und strahlt das Dach in den Nationalfarben an. Auf dem Platz am Ende meiner Straße vor dem Pakistaner verkaufen Walddorfschüler Spielzeug, um ukrainischen Kindern zu helfen. Karsten erzählt mir, dass es im Supermarkt in seinem Viertel keine Konserven und kein Klopapier mehr gibt. Nudeln, Reis, Mehl und Sonnenblumenöl sind ebenfalls alle.

„Es relativiert sich einfach alles angesichts einer atomaren Bedrohung", sagt die Frau vor mir in der Schlange auf der Post.

Beim Biobäcker gibt es jetzt „Ukrainer" statt „Amerikaner": Biskuittaler mit blau-gelbem Zuckerguss, zwei Euro das Stück, die Hälfte wird gespendet. Ich gehe mit Ulli an der Isar spazieren. Ulli redet ohne Punkt und Komma über Putin und die Ukraine und trägt mir ihr gesammeltes „Seite Drei-Wissen" vor. Am 24. Februar sei sie morgens um vier mit furchtbaren Magenkrämpfen aufgewacht, das hatte sie noch nie. Sie wusste, etwas Schlimmes würde passieren. Viele Freunde von mir melden sich freiwillig zum Helfen. Anna ist am Bahnhof im Einsatz. Kerstin übersetzt. Judith sortiert Sachspenden und schiebt Schichten in einer Erstaufnahmeeinrichtung. Judith sagt, dass sie das, ehrlich gesagt, vor allem für sich mache. Sie komme einfach nicht mit dem Krieg klar, sie müsse irgendwas machen, sonst werde sie wahnsinnig. In den sozialen Netzwerken sind jetzt alle *Ukrainer:innen*. Bekannte aus ganz Deutschland bieten mir freie Zimmer und Wohnungen an, die ich an die Organisatorin des Schriftstelleraustauschs weiterleite, deren Telefon seit dem 24. Februar nicht mehr stillsteht. Sie ist wütend auf den russlandfreundlichen Westen, der jahrelang zu- und weggeschaut hat – und jetzt, wo es zu spät ist, so langsam kapiere, wohin der Kuschelkurs mit dem Kreml geführt habe.

Der russische Dirigent Valery Gergiev verliert seinen Posten als Chefdirigent der Münchner Philharmoniker und einige andere Engagements, nachdem er die ihm von verschiedener Seite gestellten Ultimaten, sich von Putins Angriffskrieg zu distanzieren, kommentarlos verstreichen ließ. Die russische Star-Sopranistin Anna Netrebko nimmt eine Auszeit. Ein deutscher Musikjournalist deckt die Verstrickungen der internationalen Klassikszene zum Kreml auf und eröffnet einen Kreuzzug gegen den griechischen Dirigenten Teodor Currentzis, der einen russischen Pass hat, und sein, in St. Petersburg beheimatetes Ensemble music-Aeterna. Da Teodor Currentzis außerdem auch noch der Chefdirigent des öffentlich-rechtlichen SWR-Symphonieorchesters ist, wird die Debatte um sein Schweigen zum Krieg zum Dauerbrenner in den Feuilletons. Ein Musikerfreund schreibt mir, dass er den Bekenntniszwang, dem sich russische Musikerinnen und Musiker jetzt ausgesetzt sehen, zum Kotzen fände: Das sei wie im Stalinismus. Meine israelische Tante fragt ob ich okay bin.

28. Februar 2022, 18.06 Uhr
Sure. Why not?

18.07 Uhr
From the hysteria here it's 5 minutes before a world war.

In den Feuilletons schreiben deutsche Schriftstellerinnen und Schriftsteller Gedichte über den Krieg und formulieren in Briefen an Deutschland, Russland und die Ukraine Vorwürfe, Forderungen und voreilige Schlüsse.

Wenn ich eine Malerin wäre, würde ich schwarz malen. Aber ich bin keine Malerin. Also schreibe ich schwarz. Schwarz.

3. März 2022, 6.16 Uhr
Guten Morgen! Am Abend, in der Nacht und am Morgen noch keine Flugalarmsignale! Wie im Urlaub!)))

12.40 Uhr
Gut, dass Du Deinen Humor nicht verloren hast, liebe Natalya. Wenn Du und Deine Familie das Landverlassen müsst/wollt? Sowohl bei meiner Mama auf dem Land, als auch bei mir in München und auch bei Freunden von mir in Berlin könnt Ihr jederzeit unterkommen/wohnen!!!

18.40 Uhr
Danke! Die Unterstützung ist sehr wichtig! aber wir wollen bleiben!

Am 11. März gibt der Südwestrundfunk bekannt, dass sich das SWR-Symphonieorchester und sein Chefdirigent Teodor Currentzis dazu entschieden haben, das Programm der gemeinsamen Konzerte Ende März/Anfang April zu ändern. Anstelle der ursprünglich geplanten Werke von Marko Nikodijevic und Johannes Brahms erklingt nun ein ukrainisch-deutsch-russisches Programm mit Werken von Oleksandr Shchetynsky, Jörg Widmann und Dmitrij Schostakowitsch.

Ich arbeite an einem Vortrag über den palästinensischen Dichter Mahmoud Darwish. Eine Nahost-Initiative aus Bielefeld hat mich eingeladen. Auf meinen Recherchen nach einem aktuellen Aufhänger stoße ich auf eines seiner Gedichte, das in den sozialen Netzwerken kursiert, seit es ein indischer Parlamentsabgeordneter unter dem Hashtag #stopthewarinukraine getwittert hat: *Wann werden wir uns wieder sehen?, fragte sie. / Nach einem Jahr und dem Krieg, sagte ich. / Wann wird der Krieg zu Ende gehen?, fragte sie. / Wenn wir uns wiedersehen, sagte ich.*

> 11. März 2022, 14.28 Uhr
> Liebe Natalya, wie geht es Euch?
>
> 15.33 Uhr
> Wir sind OK. Wir waren im Bunker während des Flugangriffs.

Am 16. März fahre ich nach Bielefeld. Der ICE hat Verspätung. In Altenbeken muss ich umsteigen. Im Gang steht eine junge Frau mit einem großen Koffer, die nicht weiß, wo sie aussteigen muss. „Ukrainski", sagt sie und deutet auf sich, dann zeigt sie mir einen Zettel auf dem „Paderborn 15.12 Uhr" steht. Ich versuche ihr zu erklären, dass Paderborn erst die nächste Station ist, weil der Zug zehn Minuten Verspätung hat. „La gare prochaine", sage ich und hoffe, dass sie mich versteht. Der Zug hält. Ich steige aus, sie will mir hinterher, ich schüttle den Kopf und rufe: „No! The next one!" Sie steigt wieder ein.

Mein Hotel liegt in der Fußgängerzone gegenüber von einer Tabledance-Bar. Es regnet. In der Stadtbibliothek spreche ich zwei Stunden über ein Land aus Worten und fühle mich zum ersten Mal seit Wochen heimisch.

17. März 2022, 11.18 Uhr
Liebe Natalya, wie geht es Euch?

13.00 Uhr
Hallo! Wir sind OK. Ich arbeite als Rettungssanitäterin bei einer neu geschaffenen Militäreinheit für Menschen ohne Kampferfahrung. Zum Glück gibt's bei uns in Dnipro keine Kämpfe, deswegen geht es meistens um alltägliche Krankheiten. Und wir haben Zeit zum Lernen. Vor kurzem wurde der Flughafen in Dnipro von Raketen zerstört. Und es gibt immer wieder Flugalarmsignale, aber Angriffe sind bei uns noch selten...

Die Bayerische Staatsoper gibt bekannt, die für den 22. Mai geplante Opernpremiere KOMA des österreichischen Komponisten Georg Friedrich Haas aus organisatorischen Gründen auf 2024 zu verschieben. Als Dirigent ist Teodor Currentzis mit seinem Ensemble musicAeterna vorgesehen. Am 23. März veröffentlicht der Generalmusikdirektor der Bayerischen Staatsoper Vladimir Jurowski einen offenen Brief mit prominenten Unterzeichner:innen, in dem er den russischen Angriffskrieg verurteilt, die Sanktionen gegen Russland befürwortet, jedoch vor einem Pauschalboykott russischer und belarussischer Kunstschaffender warnt, und dazu auffordert davon abzusehen, sie zu öffentlichen Positionierungen zu drängen.

Die Zahnarzthelferin fragt mich, wie es mir geht. „Gut", sage ich, „nur der Krieg". Sie fällt mir ins Wort und sagt: „Es ist ja immer irgendwo Krieg." „Ja, aber", sage ich. „Nichts aber", sagt sie und fragt, wo sie in Venedig übernachten soll, wenn sie im Sommer dahin fährt. „In Dorsoduro", sage ich. Am Besten in Dorsoduro. An den Zattere ist es am schönsten im Sommer. Während sie meine Zähne reinigt, denke ich an die Serenissima und den letzten

Sommer. Als der NATO-Einsatz nach 20 Jahren in Afghanistan endete und die Taliban die Macht übernahmen, drehte sich in der venezianischen Tagespresse alles um das Schicksal von Zahra Ahmadi, die Schwester eines afghanischen Restaurantbesitzers aus Venedig. Die ganze Lagunenstadt nahm Anteil an Zahras Flucht aus Kabul und feierte ihre Ankunft am Flughafen in Rom am 18. August, wo sie von ihrem Bruder in Empfang genommen wurde. „Zahra é salva! Zahra ist gerettet!" – lautete die Schlagzeile der *Nuova Venezia* am 19. August. „Viva l'Italia!" Das zweite Großereignis in der venezianischen Presse im vergangenen Sommer war das nördlichste Meeresschildkrötennest der Welt am Strand von Jesolo. Nachdem Touristen das Nest Anfang Juli entdeckten, wurde der Bereich großräumig abgesperrt und von Mitarbeitern der Universität Padua, Pressevertretern und freiwilligen Helfern beobachtet, bis Mitte September nach und nach etwa 80 Schildkrötenbabys der Art Caretta caretta (unechte Karettschildkröten) aus ihren Eiern schlüpften und sich auf den Weg ins Meer machten.

Natalya schickt mir einen Krokus aus Dnipro. Putins Wachskopf wird aus Madame Tussauds in London entfernt. Ich gucke *Lawrence von Arabien* und denke über feministische Außenpolitik nach. Am Nordrand der Alpen blühen Schneeglöckchen, Märzenbecher und Osterglocken. Meine Mutter hat mir eine To-Do-Liste hinterlassen: Ich soll die Vögel füttern, neue Grablichter kaufen und die alten auswechseln, am Dienstag die Papiertonne rausstellen und am Mittwoch die Mülltonne, das Gemüse aus der Kiste verkochen, das Kräuterbeet aufheckeln und die Blumen gießen, den alten Teppich zum Wertstoffhof bringen und die Tante einladen. Die freut sich. Die Tante und ich sitzen im Garten. Es ist warm. Der Krieg macht der Tante zu schaffen. Die Erinnerungen an ihre Kindheit im Bombenschutzkeller und die Flucht aus Berlin holen sie ein. Sie besitzt im Dorf eine Wohnung, die leer steht – die will sie Geflüchteten zur Verfügung stellen. Beim Abschied bittet sie mich, die Blumen auf dem Grab der Oma zu gießen, da sie beim letzten Gießen das Gleichgewicht verloren habe und kopfüber auf das Grab gefallen sei. Sie lacht schallend. Ich lache auch. Obwohl ihr Arm immer noch blau und ihre rechte Hand geschwollen ist. „Aber gebrochen ist nichts", erklärt die Tante fröhlich, nur den Friedhof, den könne sie vorerst nicht mehr sehen.

> 1. April 2022, 20.12 Uhr
> Liebe Natalya, wie geht's Euch? Hier hat es heute angefangen zu schneien.

Am Nordrand der Alpen kreisen Milane. Ich achte darauf, keine Regenwürmer zu zertreten, stecke Zahnstocher in einen Avocado-Kern, hänge ihn zur Hälfte ins Wasser und hoffe, dass er keimt.

> 2. April 2022, 10.18 Uhr
> Wir haben wunderschönes warmes Wetter. aber es gab wieder Raketenangriff in der Nacht leider.

> 12.12 Uhr
> Wie geht es Deinem Sohn?

> 15.29 Uhr
> Er ist in Ordnung, aber natürlich auch angespannt. Obwohl er schon 14 ist, schläft er jetzt immer mit mir auf der Matratze, die in einem Zimmer liegt, wo es fast keine Außenwände (nur ein kleines Stück) gibt. Das ist an den Tagen, wenn ich zu Hause bin. Wenn ich weg bin, geht er manchmal zur Oma, aber manchmal bleibt er auch allein brav und mutig.

> 6. April 2022, 8.53 Uhr
> Erzähl ein bisschen über dich, ich will auch ein bisschen über normale Welt etwas erfahren)

Am 7. April gegen 20.00 Uhr bekomme ich eine Eilmeldung aus Israel. Auf der Dizengoff Straße im Zentrum Tel Avivs schießt ein Bewaffneter um sich. Der Täter ist noch nicht gefasst. Meine

Tante wohnt in der Gegend, ich frage, ob sie okay ist. Sie ist gerade nach Hause gekommen.

20.49 Uhr
It's very close to me, there's helicopters and a lot of security. It's frishman, ben Gurion ... more than one location ... not yet neutralized, still ongoing.

Den Täter neutralisieren, heißt töten auf israelisch. In den frühen Morgenstunden wird der mutmaßliche Täter, ein Palästinenser aus Jenin, erschossen. Drei Israelis sind tot, sieben verletzt. Es ist die vierte Terrorattacke innerhalb der vergangenen zwei Wochen in Israel.

Das letzte Mal war ich im Sommer 2019 in Tel Aviv. Meine Tante und ich gingen gemeinsam ins Theater. In dem Stück, das wir uns ansahen, treffen in einem unterirdischen Hamas-Tunnel zwei israelische und zwei palästinensische Soldaten aufeinander. Nach einem Schusswechsel ist einer der Palästinenser tot und ein Israeli verwundet. Die Ausgänge sind blockiert. Die drei sitzen fest. Gibt es ein Licht am Ende des Tunnels oder nicht? – Im Foyer konnten die Zuschauer vorab per Zettel über den Ausgang des Stücks abstimmen. Wir waren natürlich für das Licht. „We are optimists", verkündete meine Tante. Das Ergebnis der Abstimmung erfuhren die Schauspieler und das Publikum erst zehn Minuten vor Schluss. Im Verlauf des Stücks lieferten sich die politischen Führer unter deutscher UN-Vermittlung absurde Verhandlungen, während die Kämpfer im Tunnel langsam zu „Menschen" wurden. Die Mehrheit der israelischen Zuschauer, hauptsächlich junge Leute, wollte an diesem Abend allerdings kein Licht am Ende des Tunnels sehen.

„Wie geht das gute Ende?", fragte ich einen der Schauspieler nach der Vorstellung. „Das Gegenteil von dem, was du grade gesehen hast", sagte er. Logisch, dachte ich und versuchte mir das Gegenteil vorzustellen. Es gelang mir nicht. Es gelingt mir einfach nicht mehr.

Als ich am Ende des Sommers in den Flieger nach München stieg, wusste ich, dass ich nicht mehr zurückkehren würde. Ich hatte genug vom Krieg. In meiner Handtasche steckte ein dünnes Heftchen mit Gedichten und Zeichnungen, das mir ein alter Mann in einem Straßencafé geschenkt hatte. Avraham Shein arbeitete 20 Jahre lang als Bankmanager, heute schreibt er Gedichte gegen den Krieg: *Wir haben den Krieg gewonnen / sagen die Fleischfetzen / zu den frommen Männern, die sie zusammensammeln. / Wir haben den Krieg gewonnen / krakelt, was noch übrig ist aus dem Rollstuhl. / Krücken klatschen gegen Gliedmaßen / Stümpfe zupfen Totenmessen / auf Harfen aus Illusion. / Stinkende Fotoalben. Wir haben verloren.*

Am 8. April wird das Konzert des SWR-Symphonieorchesters mit Teodor Currentzis aus der Stuttgarter Liederhalle live übertragen. Am Ende singen die Orchestermusikerinnen und Musiker den Choral „Jesus bleibet meine Freude" von Johann Sebastian Bach. Nach dem Konzert läuft der Mitschnitt eines Gesprächs aus dem Staatstheater Mainz mit Alexander Kluge. Man müsse den Krieg zum Stolpern bringen, erklärte der 90-Jährige. Ich träume davon, dass der Krieg ins Stolpern gerät. Das Benefiz-Konzert von Teodor Currentzis und seinem russischen Ensemble musicAeterna im Wiener Konzerthaus am 12. April wird abgesagt. Das Wiener Konzerthaus gibt bekannt, man respektiere damit den Wunsch des Ukrainischen Botschafters in Österreich, „bei Benefizkonzerten zugunsten der Ukraine von der Involvierung russischer Künstlerinnen und Künstler abzusehen". Der Erlös des Konzerts hätte humanitärer Hilfe für die Menschen in der Ukraine und auf der Flucht zugute kommen sollen.

Denn alles Fleisch, es ist wie Gras, / Und alle Herrlichkeit des Menschen / Wie des Grases Blumen. / Das Gras ist verdorret / Und die Blume abgefallen. 1. Petrus 1,24

Am 13. April dirigiert Parvo Järvi Brahms' deutsches Requiem in München. Die Menschen vor, hinter und neben mir wischen sich die Tränen aus den Augen. Auch Parvo Järvi stand zu Beginn des Krieges in der Kritik, da er zwei Tage nach dessen Ausbruch in Moskau ein Konzert mit dem Russian Youth Orchestra dirigierte. Die jungen Musikerinnen und Musiker sollten nicht auf das Konzert verzichten müssen, auf das sie monatelang hingearbeitet hatten, erklärte Järvi. Nach dem Konzert sitze ich mit einem Freund beim Griechen. Am Nebentisch unterhalten sich zwei Frauen um die 60. Die Putin-Expertin rät der anderen dringend auszuwandern. Wohin? Nach Australien zum Beispiel.

Am nächsten Tag fahre ich zu den Osterfestspielen nach Baden-Baden. Die Züge sind voll. Es ist warm.

> 16. April 2022, 9.47 Uhr
> Liebe Natalya, wie geht's Euch?
>
> 10.23 Uhr
> Uns geht's gut. Wir sind immer noch am gleichen Ort. In der ganzen Ukraine gibt's leider viele Raketenangriffe jetzt.

„Clara Schumanowa!" – im russischsten Kurort Deutschlands kann man den Krieg beinahe vergessen, weil hier niemand über ihn spricht. Stattdessen wird getrunken, gegessen, gespielt, geshoppt, gebadet, musiziert und promeniert als ob nichts wäre. Letzteres bevorzug auf der zweieinhalb Kilometer langen Lichtentaler Allee, die vom Kurhaus/Casino am Ufer der Oos entlang vorbei an mondänen Jahrhundertwendevillen und Hotels durch das überwältigende Blütenmeer einer weitläufigen Parkanlage bis zum namensgebenden Kloster Lichtenthal aus dem 13. Jahrhundert führt. Im Dahliengarten betören zu dieser Jahreszeit kunstvolle Tulpen- und Narzissen-Arrangements die Sinne. Neben den Bronzebüsten von Johannes Brahms und Clara Schumann zählen sie zu den beliebtesten Fotomotiven der Allee.

Auf der Plakette einer Teakholzbank steht: *Für Opa Diddi*. Ein Comedian Harmonist pfeift die Melodie von *Irgendwo auf der Welt gibt's ein kleines bisschen Glück*, und betrachtet versonnen drei Mandarinenten beim morgendlichen Bad. In dem Moment durchbricht die Alarmanlage eines entfernten Autos die Szenerie. Die weißen Kutschpferde scheuen. Das Smartphone wackelt. Am Karsamstag steht Strawinskys *Le sacre du printemps* auf dem Festspielprogramm der Berliner Philharmoniker. Während ich nach dem Konzert durch die Vollmondnacht zum Kloster zurückschlendere und die schwere Marzipansüße des Kirschlorbeers einatme, denke ich an Bert Brechts *Badener Lehrstück vom Einverständnis*, das hier beim Deutschen Kammermusikfestival im Juli 1929 seine skandalträchtige Uraufführung erlebte. Für Unmut und Entsetzen im Publikum sorgte die sogenannte Clownsszene: Zwei Clowns zerlegen einen dritten, leidenden Clown unter dem Vorwand ihm zu helfen. Die schmerzenden Glieder des Clowns werden unter Einsatz großer Mengen Theaterblut abgetrennt. Der Leidende ist immer einverstanden mit den „notwendigen" Maßnahmen. Am Ende ist das Opfer vollständig zerlegt, die blutüberströmten Reste liegen am Boden. Nach der Aufführung beendeten die Baden-Badener Verantwortlichen ihre Unterstützung für das Musikfestival.

> 20. April 2022, 10.34 Uhr
> Liebe Natalya, wie geht's Dir?
>
> 20.31 Uhr
> Danke. Es geht.

Natalya schickt mir Apfelblüten aus Dnipro. Das russische Militär stellt die Angriffe auch über die orthodoxen Osterfeiertage nicht ein. In Venedig wird die 59. Kunst-Biennale eröffnet. Die Konzerte von Teodor Currentzis und musicAeterna am 2. und 3. Mai in München und Paris werden aus organisatorischen Gründen abgesagt. Das Kiewer Symphonieorchester eröffnet seine Europatournee in Warschau. Auf dem Platz am Ende meiner Straße findet eine pro-kurdische Demo statt, an der Isar zielt ein kleiner Junge mit einer Plastikpistole auf mich.

Peng!

Ich falle ins Gras.

„Bist du tot?", fragt der Junge.

„Nein", sage ich und stehe auf.

Natalya schickt mir Tulpen aus Dnipro.

Zufällig lebten Chronisten / Und zufällig sagten sie: / Hätten die anderen die anderen besiegt / Bekäme die Geschichte der Menschheit / Andere Überschriften.
(Mahmoud Darwish, Der Würfelspieler)

Josefle

Hanspeter Wieland

Josefle, eisgrau geworden, tat immer alles noch genauso wie früher, oder fast alles – je oller, je doller, konnte man dazu auch sagen hören.

Er hatte nun eine Bezugsperson.

Das war Frau Anneli Ali. Wenn das Friedhofsglöckchen klang – alle paar Tage läutete es – sagte sie zu Josefle, dass sie ihm tät eins *motörlen,* weil so weit wärs noch nicht, dass man das Glöckchen für ihn brauchte: Bimm-bimm-bimm-bimm!

Sie drückte auf ihm herum und wenn es davon keine Delle gab auf der Haut, dann lebte der Herr Josef mindestens nochmal so und so lang; sie nannte eine Zahl.

Das eigentliche *Motörlen,* auf das er schon wartete, war dann weiter unten bei ihm, quasi zwischen den Beinen, wo es ebenfalls wegen der Spannkraft eine Rumdruckete gab.

Mit ihren Fingerle würde sie, Anneli, aus jedem WRACK da, pflegte sie zu prahlen, wieder so etwas wie einen „richtigen Mensch" herausmotörlen. Oder manchmal sogar einen Kerle! Und das stimmte. Bei ihm, Josefle, sowieso.

Das Armsünderglöckchen läutete. Wieder hatte jemand das alles hinter sich gebracht, war hinausgetragen worden. Schon von Josefles Oma ist verbürgt, dass sie von diesem Ort es einst so sagte: „Hier liegen die Kranken und dort die Toten". Das ist lange her.

Das Krankenhaus vis-à-vis dem Friedhof gab es nun eine Weile schon nicht mehr, aber seit das Pflegeheim in die alten Gebäudlichkeiten eingezogen war, mit seiner ebenfalls jede Menge Kranken, stimmte auch der alte Spruch wieder, der von den Hier-Kranken und dort von den hm hm hm.

So vieles hatte sich sonst geändert. Früher die Alten hatten ja sogar noch gewusst, *wem* das Bimmeln galt. Sie bekreuzigten sich, standen unter der Tür und sagten den Namen. Wenn sie nicht sowieso gleich drüben waren, auf dem Friedhof, zum Abschiednehmen.

Die Alten früher hatten auch nicht alles schlecht gemacht. Ob sie das mit dem *Motörlen* auch schon wussten? Wohl schon. Es war so etwas wie eine Henkersmahlzeit – und wenn etwas schmeckt, davon wissen die Leute zu allen Zeiten.

Josefle hatte immer gedacht, dass er aber keinen Appetit mehr hätte, wenn er gleich danach müsste hm hm hm. Zum Beispiel gäbs Pommfritt und Schnitzel als Henkersmahlzeit. Und Frau Ali Ali schaute zu, ob mit dem Essen der Appetit gekommen war. Nein?

Frau Ali Ali drückte Josefle dann auf den Bauch. Und einmal blieb die Delle drin. Es war soweit.

Man konnte aber auch Glück haben. Dann poppte die Delle wieder zurück. Frau Ali Ali sagte: Brav. Brav. Und es ging noch einmal in eine Runde. Brumm. Brumm.

Früher hatte Josefle gedacht, dass er nie in ein Seniorenheim wollte. Es gab auch gar nicht so viele davon. Und wenn es nun überall welche davon gab, musste man am Ende auch in eines hinein.

Früher war das alles viel, viel weiter weg. Schon die Entfernungen waren weiter und die Kreisstadt riesengroß.

In die Kreisstadt hinunter waren sie mit dem RADL gefahren. Rauf und hinunter und rauf,

hinunter und wieder rauf und wieder runter, bis man ganz drunten war in der Kreisstadt.

Und wenn es wieder zurückgehn musste, nahmen sie aufs Neue die riesengroße Sehnsucht mit nach der Kreisstadt. So groß die Sehnsucht, dass im Abschiednehmen noch die letzten gewöhnlichen Straßenbäumchen am Stadtrand ihnen begehrenswerter erschienen, als die schönen, sauber geputzten, kleinen putzigen Bäumchen in dem Städtchen daheim, an der Kopfsteinpflasterstraße neben dem Gleis der Bahn. Die blühten so schön – wie lauter kleine Blumensträußchen auf dem Gezweig.

Josefle wusste es nicht, was das für Bäume waren. Hat es ein ganzes Leben lang nicht gewusst, nur dass sie so schön geputzt aussahen, dem Stadtseelein zu, beim „Keinath", der Hemdenfabrik. Das blieb unvergessen. Es war auch ein Häusle dort. Da wohnte der Uli, der nicht so recht war. Sein Vater war Schrankenwärter bei der Bahn. Ebender Bimmelbahn, die längs der Kopfsteinpflasterstraße lief, wo die hübschen Bäumchen, die der treulose Josef bereit war so treulos einzutauschen – gegen die letzten Straßenbesen da! von der Kreisstadt. Wo es natürlich auch eine besonders große Glocke gab. In der Kreisstadt. Und wenn's sie noch gab, dann machte sie auch heute noch so: Bamm Bamm Bamm. Osanna, Hosanna, ach Frau Ali Ali, was wusste sie schon.

Josefle hatte zu seinem Geburtstag auch Uli eingeladen. Der hatte was ganz Komisches mitgebracht: eine Eierkohle. Und gesagt hatte er wie eine Entschuldigung für sein Geschenk, dass seine Mutter häbe noch keinen Kuchen gebachen. Was genau so seine Worte waren, aufbewahrt ein langes Josefle-Leben lang. Wusste man das noch, was eine Eierkohle war?

Lassen

Maren Wurster

DIE PUPPE IST KAPUTT. Am Kopf müssen sie angesetzt haben. Johann betrachtet den ausgefransten Rand, an dem die Klinge in das Plastik gedreht worden war. Vom Kopf über das Ohr zum Hals verläuft der Schnitt. Ab der Schulter sind die Hände zum Einsatz gekommen. Die Puppe wurde seitlich aufgerissen, immer weiter, bis das Innere zu sehen war. Oder vielmehr nichts zu sehen war, denn die Puppe war leer. Sie bekam einen Stempel und durfte mitgenommen werden, nach Deutschland. Mit zusammen geklebten Hälften liegt sie jetzt im Schoß von Heidi, die eingeschlafen ist.

Jeden einzelnen Gegenstand in ihrem Gepäck hatten sie ins Heimatmuseum gebracht, damit er untersucht werden konnte. So wollen es die Ausreisebestimmungen. Die Ausreisebestimmungen für Staatenlose, die sie nun sind. Zum ersten Mal in ihrem Leben haben sie einen Pass. „Pasaport – Pentru Personae Fara Cetatenie" steht da. Darunter das Ganze in Russisch und Französisch. Für Ioan und Susana. Bei Susanne stehen noch die Namen der beiden Kleinen.

Für die Pässe war Johann nach Bukarest gefahren. In einer Sporttasche hatte er 30.000 Leu dabei, zwei Jahreslöhne. Seit er 1974 zum ersten Mal den Antrag gestellt hatte, legte er Geld zur Seite. Der Wein im Garten brachte einiges ein. Johann hatte Quetschwalzen für die Weinmaische und eine Holzkelter, rund 600 Liter kamen im Jahr zusammen.

Johann hatte auch die Bescheinigung dabei, diese wurde von verschiedenen Personen bestätigt und bearbeitet. Graue Formulare und immer wieder die gleichen Fragen.

„Warum möchten Sie ausreisen?"

„Meine Mutter möchte wieder mit ihrem Mann, meinem Vater zusammen sein."

„Reist Ihre Frau mit?"

„Ja."

„Welcher Arbeit gehen Sie hier nach?"

„Ich bin Zimmermann."

Und die Adresse der deutschen Botschaft hatte er sich aufgeschrieben. Dort erhielt er ein Einreisevisum, als Staatsbürgerschaft war „deutsch" angekreuzt. Die Frau hinter dem Schreibtisch reichte ihm noch die Nummer des Deutschen Roten Kreuzes auf einem Zettel. In einem Reisebüro kaufte der Johann die Flüge, für Sanni, die Kinder und sich, mit Tarom nach Frankfurt, in zwei Wochen. Dass es so schnell geht, ist gut, dachte der Johann. Denn die Anna, seine Mutter, wird nicht mitgehen. Wenn das rauskommen würde, zögen sie die Erlaubnis zurück.

„Heidi", hatte er zur Kleinen gesagt, „sprich nicht über unsere Reise." Die Leute quatschen und verquatschen sich. Sie sind neidisch und missgünstig.

Ist das jetzt die Freiheit?, fragt sich Susanne. Ihr Blick geht aus dem Fenster des Flugzeugs. Sie sieht Karees in den Feldern, große Straßen und weißes Licht, nicht so gelb und trüb wie in Rumänien. Sie hat Tränen in den Augen und Horst schaut sie verschreckt an.

Mitarbeiter des Roten Kreuzes erwarten sie, sie und andere, auf die sie noch warten müssen. Horst und Heidi bekommen Gummibärchen geschenkt.

„Was ist das?", fragt Heidi. Horst steckt sich die Süßigkeit gleich in den Mund und rutscht auf dem Boden herum.

Ein neues Auto muss bestellt werden, ein größerer Bus, die Frau des Roten Kreuzes hat sich vertan und blättert nervös in den Unterlagen. Immer wieder gleicht sie die Namen und Daten ab, macht Kreuze auf den Papieren. Dann geht es endlich nach Nürnberg.

In der Nacht kommen sie an. „Durchgangsstelle für Aussiedler" steht auf einer Messingplakette am Eingang des Gebäudes. Sie bekommen im dritten Stock ein Zimmer mit vier Betten, einem Schrank, einem Tisch, zwei Stühlen, einer Kommode. Vom Zimmer geht es in eine Küche, die sie sich mit einer anderen Familie teilen. Badezimmer sind auf dem Gang, eines für die Frauen und eines für die Männer.

SUSANNE SITZT AM RAND. Helene ist extra vorher in die Bank und, als sie wegen der Traudl eigentlich aufrücken müsste, einfach sitzen geblieben. Sie tut so, als hätte sie die Frage der Traudl gar nicht gehört. Die muss sich dann an ihnen vorbei zwängen, mit ihrem dicken Hintern. So kann Susanne am Rand bleiben. Sie bewundert ihre Schwester. Wie die das macht.

Gestern im Bett plauderten sie noch, mit ineinander verhakelten Fingern. Helene öffnete die Hand, dann Susanne, sie schoben die Finger aneinander vorbei und schlossen sie versetzt wieder, erst Helene, dann Susanne. Und wieder zurück. Seit Susanne sich erinnern kann, hielten Helene und sie so Hände, im gemeinsamen Bett, beim Spazierengehen. Einmal auch vor einem Handballspiel von Helene, als Susanne ihr am Spielfeldrand viel Glück wünschte. Da kam die Helene zu ihr und intuitiv verhakelten sie kurz die Finger, öffneten sie und schlossen sie erneut. Als Helene gestern von Zoltan erzählte, war sie so aufgeregt, dass sie die Finger von Susannes löste.

„Ich will den haben", sagte sie.

„Lene, du weißt, was der Vater dazu sagt", merkte die Susanne an.

„Ja, ein Ungar, noch aus so einer Familie, ich weiß. Na und. Ich will den haben und zur Not brennen wir durch."

Susanne erschrak darüber und suchte mit den Fingern im Dunkeln Lenes Hand. Die arme Mama, ohne Lene. Und wie sollten ihre Abende dann sein, ohne dass sie sich an ihre Schwester kuscheln, ihr zuhören und mit ihren Fingen spielen konnte?

„Und der Johann?", fragte Helene.

Susanne errötete, obwohl es dunkel war und sie bei Helene nicht rot zu werden brauchte. „Er ist ein guter Tänzer."

„Klar, aber darum geht es doch nicht. Worüber habt ihr gesprochen?"

„Das weiß ich nicht mehr."

„Seht ihr euch in der Kirche?"

„Ja", antwortete Susanne, mit Kribbeln im Bauch.

Das hat sie jetzt auch, als er mit seinen Freunden reinkommt und zwei Bänke vor ihr auf der Seite der Männer Platz nimmt. Einige Reihen hinter dem Vater, zum Glück. Der sitzt vorne neben dem Schuster Erwin und erzählt. Johann schaut zu ihr und lächelt. Und Susanne senkt den Kopf. Nach dem Gottesdienst geht sie etwas langsamer aus der Kirche und da ist Johann schon neben ihr.

„Magst du spazieren gehen?"

„Gerne."

Sie gehen in den Park. Wie die anderen auch. Helene ist von einer Traube kichernder Mädchen umgeben, die Größte zwischen allen. Wahrscheinlich auch die Lauteste, denkt Susanne und schmunzelt. Na, so schauen sie wenigstens zu Helene und nicht zum Johann und mir.

Eine kostbare Zeit ist das, nach dem Gottesdienst und vor dem Mittagessen. Die Väter sind auf dem Dorfplatz oder in der Kneipe, die Mütter bereiten zuhause das Essen vor. Und Susanne spaziert mit dem Johann im Park. Gestern hat sie sich die Haare mit Öl eingerieben, damit sie glänzen. Hoffentlich sieht man es nicht so sehr, denkt Susanne. Johann geht neben ihr her und beobachtet sie. Schüchtern ist sie, traut sich kaum, ihn anzusehen.

Ihre Schritte setzt sie eng und geht ein wenig emsig, die braunen Locken wippen dabei. Ein tolles Mädchen, denkt Johann. Und so schöne Haare. Er erzählt von seiner Arbeit. Wie die Balken eines Dachstuhls miteinander verbunden werden, ohne Schrauben, nur mit Schlitz und Zapfen, indem man sie maßgenau ineinander verkantet. „Aha", sagte die Susanne. Die Kanten müssen genau zugeschnitten und so lange ineinandergeschoben werden, bis kein Hohlraum mehr bleibt. Sonst kann das Holz dort bei Regen morsch werden. Und für ein Dach ist das eine Katastrophe. Ja, denkt Susanne. Man muss schon achtgeben. So ist es in der Konditorei auch. Manchmal fehlen ihnen die Zutaten, weil der Bürgermeister mal wieder Eier brauchte. Die sollten für die Torte sein. Aber beim Bürgermeister darf man nichts sagen. Der alte Schlaschnik, der Bäckermeister, tut dann einfach so, als gehören eh nur so wenige Eier in eine gute Torte. Und die Susanne nickt fleißig. Auch jetzt beim Johann.

Johann nimmt ein gehobeltes Stück Holz, schmirgelt es fein säuberlich ab, begutachtet es. Dann kniet er sich hin und klopft es quer zum letzten Stück fest. So entsteht das Fischgrätenmuster auf ihrem Boden. Schön soll es werden. Auf dem Hof von Sannis Eltern haben sie einen eigenen Bereich bekommen.

Helene ist aus dem Haus. Sie hat, sehr zum Missfallen des Vaters, Zoltan geheiratet, auch weil schon ein kleiner Mensch unterwegs war. Da musste der Vater zustimmen, denn die Schande wollte er nicht haben. Sie lebt jetzt im Futok, dem Viertel der Ungarn, in einer Zwei-Zimmer-Wohnung mit dem kleinen Bela und einem Mann, der abends oft nicht zuhause ist. Doch die Helene ist zu stolz, um zuzugeben, dass es schwierig ist. Susanne weiß es auch so, ohne nächtliches Fingerhakeln, und besucht ihre Schwester oft.

Das Mädchenzimmer von Lene und Sanni wird das neue, gemeinsame Schlafzimmer. Sie haben eine große Wohnstube, eine eigene Küche. Einen Durchgangsraum. Für die Kleine, denkt die Susanne und fühlt in ihr Inneres, in den Bauch, wo es manchmal ein wenig drückt. Sie schaut aus dem Fenster. Im Schatten liegt der Schäferhund, ein Ohr angelegt, das andere aufgestellt. Wenn sie jetzt in den Hof treten würde, würde sich das Tier freuen und mit allen Vieren gleichzeitig in die Luft springen. Das bringt sie immer zum Lachen. Ein guter Kerl.

Abends sitzen Johann und sie mit den Eltern in der Weinlaube. Die Reben ranken sich über ihren Köpfen. Es hat es nicht leicht, der Johann, mit ihrem Vater. Der erzählt mal wieder vom Krieg. Und da hören alle zu. So gehört sich das. Die Mutter schenkt Wein nach. Wie oft hat sie das schon gehört, wie ihm der Hut vom Kopf geschossen wurde? Welcher Hut eigentlich?, fragt sich die Sanni.

Johann denkt an die Anna, seine Mama, die war im Arbeitslager in dieser Zeit. Eines Tages wurde sie einbestellt auf den Rathausplatz von Ostern. Ihr und den anderen wurde von russischen Soldaten etwas verlesen, was sie nicht wirklich verstanden. Sie durften noch kurz nach Hause und eine Tasche, nur eine Tasche, mitnehmen. Schal rein, Schal aus, Schal wieder rein, ein Einmachglas mit Pfirsichen, die Brille – oh mein Gott, was sollte sie nur einpacken? Die Anna ließ den Johann bei den Nachbarn, umarmte ihn rasch und drückte ihm ein Glas Erdbeermarmelade in die Hand. Der Johann wollte mit den Hasen der Nachbarn spielen, ihre Öhrchen kraulen und über das zarte Fell streichen. Er verstand die Aufregung und Hektik nicht, die betretenen Gesichter der Nachbarn. Die saßen abends noch lange wach in der Stube und flüsterten miteinander, und der Johann wunderte sich, warum er hier schlafen musste. Nach zwei Jahren kam die Mutter wieder, schmaler, die Wangenknochen waren deutlich zu sehen. Leben wollte sie immer noch, lachte und trank gerne ein Gläschen Wein, oder auch zwei, das Unbändige aber war weg, abends war sie müde und nachdenklich.

Die Mutter von der Sanni, Elisabeth, denkt an den kalten Winter 1949, der Mann in Deutschland und sie mit den zwei kleinen Mädchen allein, der kleine Gerd war damals schon tot. Sie hackte Holz im Hof, jeden Tag, damit der Ofen nicht ausging. Sie zerrte das Bett in die Wohnstube, um mit den Mädchen dort zu schlafen. Es schneite so sehr, dass sie tagelang nicht in den Ort konnte. Sie zählte die Einmachgläser, den Zucker, das Mehl und rechnete. Und sorgte sich um die Sanni, die im Schlaf hustete. Sie füllte Schnee in die Töpfe und stellte sie auf den Herd. Nachts unter eisig klarem Himmel hörte sie das Geheul der Wölfe.

„Die Schneegeister feiern ihr Fest", erzählte sie den Mädchen, „sie freuen sich, den ganzen Sommer über leiden sie in den Wäldern und jetzt ist ihnen endlich mal richtig kalt."

Eines Nachts wachte Elisabeth auf, etwas kratzte am Fenster. Ein Wolf, mit einer schmalen Schnauze, sein Schädel zeichnete sich unter dem dunklen Fell ab, die Lefzen dampfend von der Kälte, seine Vorderläufe aufs Fensterbrett gestellt. Die Mädchen, das war das Einzige, was sie denken konnte. Oh mein Gott, meine Mädchen. Dann verschwand der Wolf. Und Helene und Susanne durften den ganzen Winter nicht mehr raus.

So sitzen sie in der Laube, erinnern sich und lauschen nebenbei dem alten Mertes. Der weiß, dass der Johann ein guter Mann für seine Tochter ist. Er sieht, wie der sich einbringt, das Dach repariert, sich um die verkalkte Pumpe im Hof kümmert und für Susanne und ihn die Wohnung macht. Ein lebensfroher Mensch, der bei der Arbeit summt und die Susanne liebt. Sie ist auch so ein gutes Mädchen, hilfsbereit und bescheiden. Doch der alte Mertes ist der Herr im Haus, der gelernte Schneidermeister, der bei den guten Leuten im Dorf verkehrt, mit dem Arzt ein Schwätzchen hält und dem Bürgermeister die Jacketts schneidert. Das ist schon was anderes als Zimmermann. Und schon gar nicht mit diesem Trunkenbold von Ungar zu vergleichen, der in der Schuhfabrik arbeitet. Was für ein Abstieg. Die Lene, dieses starrköpfige Kind.

Abends liegen Johann und Susanne gemeinsam im Bett. Das ist noch ungewohnt. Sie kleidet sich im Vorzimmer um, ein wenig verschämt, und kriecht rasch unter die Decke. Sie schläft auf der Seite zur Tür, Johann auf der zum Schrank. Säuberlich hat er seine Kleidung über den Stuhl gehängt. Sie schweigen eine Weile.

„Dein Vater kann wirklich gut erzählen", sagt der Johann dann ins Halbdunkel hinein.

„Ja", Susanne kichert, „und nicht zu knapp."

Da muss auch der Johann lächeln. Sie witzeln ein wenig über den Vater, immer im Guten, darauf achtet die Sanni. Und während sie so reden, dreht sich der Johann zur Sanni und drückt sie an sich heran. Sein warmer, kräftiger Körper, schön. So liegen sie, lachen von Zeit zu Zeit, über den Vater und auch die Situation, die noch ungewohnt ist. Vorsichtig legt Johann seine Hand auf den Bauch von Susanne. Ihr Haar riecht so gut.

„Wie wäre es mit Horst?", fragt Johann.

Die Sanni lächelt. „Und wenn es ein Mädchen wird?"

Daran hat der Johann noch gar nicht gedacht. „Matthias finde ich auch schön", sagt er, „doch das wird dann ein Matei. Das lassen die uns aufm Amt nie durchgehen. Die benennen unseren Sohn einfach um. Und dann heißt es: ein Banater Schwabe mit rumänischem Namen."

Johann kommt in Fahrt. Das ärgert ihn. Vieles ärgert ihn hier. Vor allem die Schikanen der Bürokratie, die vielen unnötigen Papiere, aufgedunsene Beamte, deren Rumänisch mit Absicht unverständlich ist.

„Horst, finde ich gut. Da können sie nichts machen."

Heidrun, denkt die Sanni. Sie probiert den Namen im Stillen aus. Heide, könnten wir sie dann rufen, oder Heidi. Das ist schön.

„Lass uns schlafen, Johann, wir haben ja noch Zeit."

JOHANN HAT FÜR DEN HORST KLEINE TORE GEZIMMERT. Jetzt schneidet er ein Haarnetz der Sanni zu, setzt an den Ecken der Tore Klebepunkte und zeigt dem Horst, wie er es festdrücken kann. Der wackelt ungeduldig mit dem Kopf. Ein alter Teppich gibt den Rasen her, mit Kreide zeichnen sie die Linien ein. Genau muss es sein für den Horst, wie auf einem echten Spielfeld. Und auch nach kleinen Bänken für die Trainer und die Ersatzspieler verlangt er. Es gibt Holzmännchen, die Johann aufstellt, einen Ball aus festem Filz. Der Vater hat sich einen Spaß gemacht und eine Trillerpfeife mitgebracht. Horst hat sie noch nicht gesehen. Erst zum Beginn des Spiels holt er sie heimlich aus der Tasche und pfeift. Horst lacht und greift nach der Pfeife. Er verschluckt sich und hustet. Johann erkennt es sofort: Sein Sohn bekommt mal wieder keine Luft. Er packt ihn und hebt ihn hoch. „Ruhig, atme ruhig, ruhig."

Doch der Horst schnappt nach Luft. Susanne eilt herbei und öffnet das Fenster. Die Heidi schaut besorgt herüber. Schwer hebt sich die Brust von Horst und sein Gesicht ist rot. Johann geht mit ihm vor die Tür und trägt ihn ein paar Schritte hoch und runter.

Später liegt der Horst im Bett und Johann und Susanne sitzen auf der Kante. Die Sanni hat ein kleines Licht angemacht und streichelt Horsts blasse Wangen.

„Mein Kleiner", sagt sie.

Und sie schaut den Johann an, sorgenvoll. „Ob er jemals in die Schule wird gehen können?", flüstert sie.

„Es ist das Klima hier", sagt der Johann, „dieser verdammte Sumpf."

„Hm", macht die Sanni.

PLÖTZLICH MUSS ALLES SCHNELL GEHEN. Nach den Jahren des Hoffens, Wartens, sinnlosen Nachfragens, nach Jahren der Schikane und des Zweifelns. Der Ortsvorsteher steht eines Tages auf dem Hof und händigt dem Johann ein Schreiben aus. Er soll ins Rathaus kommen. Johann muss seine Unterschrift auf ein anderes Schreiben geben. Was mag das bedeuten? Der Ortsvorsteher bleibt förmlich, fast ein wenig feindselig. Mit spitzen Fingern und zusammengezogenen Augenbrauen nimmt er den Zettel wieder an sich. Die Großmutter kommt auf den Hof, die Susanne mit Horst, Heidi ist in der Schule.

Johann und Susanne hatten den Antrag auf Ausreise nach der Geburt von Horst gestellt. Da saßen sie eines Abends zusammen in der Küche, die Kinder schliefen und die Sanni fasste sich ein Herz.

„Ich habe Sorge um unsere Kinder", sagte sie, „was soll aus ihnen werden?"

Und der Johann überlegte, sprach mit der Anna, ob sie einer Familienzusammenführung zustimmen würde, pro forma, versteht sich, und nahm mit seinem Vater, dem Ernst, Kontakt auf. Er schrieb ihm einen Brief, an die Feuerbacher Adresse. Den nahm der Nachbar Martin bei seiner Fahrt ins ungarische Szeged mit und schickte ihn von dort ab. So hatte der Brief eine Chance anzukommen. Und dann sprachen sie mit den Großeltern. Und mit Helene. Die weinte.

Und jetzt das. Fünf Jahre nach dem ersten Antrag eine offizielle Ladung ins Rathaus. Der Johann zieht seinen besten Anzug an und geht los. Er wartet drei Stunden, dann sitzt er einem Mann gegenüber. Ob ihm bewusst sei, was der rumänische Staat alles für die Deutschen, ihn hier tue.

„Ja."

„Die Kinder gehen auf die Schule hier?"

„Das Mädchen, der Bub nicht."

Der Mann schweigt und betrachtet seine Fingernägel, dann kratzt er sich am Hinterkopf.

„Ihre Mutter, Sie, die Frau und die Kinder?"

„Ja."

„Und die Schwester der Frau?"

„Geht das denn?"

„Ich stelle hier die Fragen. Natürlich nicht."

Eine Kiste mit zwanzig Kilogramm, mehr dürfen sie nicht mitnehmen. Wie soll man ein ganzes Leben in eine Kiste mit zwanzig Kilogramm stecken können?, fragt sich die Sanni. Sie überlegt. Was brauchen die Kinder auf jeden Fall? Leichte und warme Sachen zum Anziehen? Oder nur leichte Sachen? Immerhin ist Frühling, Wärmeres können sie dann kaufen. Von welchem Geld eigentlich? Die Wertsachen, die Uhr, die Münzen, nein, die Münzen nicht. Da freut sich Zoltan, wenn er die bekommt. Der hat sie immer so bestaunt. Oder kommt Lene mit Zoltan nach? Das schmerzt, wenn Sanni daran denkt, dass ihre Schwester zurückbleibt. Das geht eigentlich nicht. Johann, sie, die Kinder, sie werden nicht mehr zurückkönnen. Das schmerzt auch. Der Hof. Ob die Abendsonne auch so schön ist in Deutschland? Johann hat ihr von seinem Besuch in Stuttgart erzählt, als er seinen Vater besuchte, wie sauber und ordentlich es war. An einer Hauptstraße hat eine alte Frau den Gehweg gekehrt. Kehren, ob sie auch eines Tages ein Zuhause haben werden, das Sanni kehren kann? Und der Dialekt sei ein ganz anderer, hat der Johann berichtet. Das fand die Sanni komisch. Aber wir wissen ja sowieso nicht, wo wir hinkommen. Sie setzt sich in die Küche. Ob das alles richtig ist? Ihr Leben ist doch hier. Erst letzte Woche hatte sie Horst so hübsch gemacht, zum Heimatabend. Die gepufferte Hose, das Hemdchen, das Jackett, der Hut. Vom Nachbar Martin bekam sie kleine Lederschuhe, die man bis über den Knöchel schnüren konnte. Der Horst lief ein wenig ungelenk darin. Sogar eine alte Pfeife hatte sie gefunden, die Horst verdutzt in der Hand hielt. Ach, mein Horst, das kränkelnde Kind. Mit seinem blassen Gesicht und seinen schwarzen Haaren, die Sanni ihm akkurat ein Mal rundherum geschnitten hatte. Wir machen es

für die Kinder. Denn was soll hier aus ihnen werden? Da fällt
Sanni der Topf ein. Weiß mit roten Blumen emailliert. Darin hat
sie für Heidi und später Horst den ersten Brei gekocht. Oft auch
heiße Milch für die Kleinen gemacht, vor dem Eingießen die
Haut mit einer Gabel entfernt. Der Topf soll mit. Überhaupt,
vielleicht Teller für jeden, Gabel, Messer? Von der Anna haben
die Kleinen Besteck mit ihren Initialen bekommen. Ach, und die
Anna. Wie wird es für sie werden, wenn die Rumänen mitbe-
kommen, dass sie gar nicht mitkommt? Die Anna bleibt ruhig.
Ihr ganzes Leben tuscheln die Menschen über sie, darauf komme
es auch nicht mehr an, meint sie. Nur die Kinder sollten sich
vorher nicht verplappern.

DER TISCH IST MIT KUNSTSTOFFFOLIE ÜBERZOGEN, rote Blumen
auf blauem Hintergrund, und mit Reißzwecken festgemacht.
Susanne sieht rundliche Einkerbungen in der Folie. Da hat vielleicht jemand seinen Fingernagel in das Material gedrückt, wieder
und wieder, denkt sie. Vielleicht saß der hier, wie sie, unschlüssig,
hoffnungsvoll. Susanne streicht über die Folie, darunter sicher-
lich eine Pressspannplatte. Nichts im Vergleich zu dem Tisch,
den Johann gemacht hatte. Aus massiver heller Eiche mit ver-
zierten Ecken, stabil und fein geschliffen. Susanne mochte es, die
Tischdecke abzunehmen und das Holz zu berühren. Der Johann
hatte ihr die Maserung erläutert, was für einen wuchtigen Stamm
die Eiche gehabt haben musste, und wie er das Holz bearbeitet
hatte. Eine Überraschung ist es gewesen. Eines Tages, mitten am
Tag, kam der Johann mit dem Auto des Meisters vorgefahren
und lud den Tisch ab, zusammen mit einem Kollegen. Er war
abends meist länger in der Schreinerei geblieben und hatte den
Tisch gemacht.
„Für uns und die Kinder", sagte er, „und am Tischende sitze ich,
der Herr im Haus." Da lachte er und Susanne mit ihm. Zur Feier
des Tages holte sie Erdbeerkuchen vom Konditor, den mochte

der Johann. Und weil die Sanni eine gute Schülerin gewesen war und überhaupt sehr vermisst wurde vom alten Schlaschnik, bekam sie die schönsten Stückchen, links und rechts mit einer Portion Schlagsahne, die der Schlaschnik nicht berechnete.

Ob sie für einen Erdbeerkuchen machen soll? Susanne lässt den Blick durch die Küche schweifen. Es gibt einen Vorratsschrank. Susanne sieht hinein: alles da, Tassen, Teller, Gläser, sogar ein paar Weingläser mit grünen Füßen, auch ein Rührgerät. Die Regalböden sind beschriftet, „Zimmer 64" steht auf den oberen, „Zimmer 65" auf den unteren. Und dort dann: Mehl, Zucker, löslicher Kaffee, geschnittenes Brot in einer Plastikfolie, Honig, Kekse. Die Marken kennt Susanne nicht, nur die des Kaffees, Nescafé, von den Besuchern aus Deutschland. Sie mag ihn nicht sonderlich. Sie gießt lieber heißes Wasser auf echten Kaffee und wartet, bis dieser sich absetzt.

„Schau, unsere Zukunft in Deutschland", witzelte der Johann mal und deutete auf den Satz.

Heidi sah verdutzt auf. „Gehen wir nach Deutschland?"

Susanne warf dem Johann einen Blick zu. Die Kinder sollten nichts davon wissen, von dem Wunsch, den Anträgen. Sie sollten sich wohl fühlen, nicht mit anderen darüber sprechen.

„Nein, nein", hat der Johann gesagt, „uns geht es gut hier."

„Aber wir sind doch Deutsche." Die Heidi kann beharrlich sein.

„Wir reden deutsch, wir ..." Sie brach ab und sah den Vater an.

„Das sind wir, und hier war auch mal Deutschland, vor langer Zeit, als du noch gar nicht auf der Welt warst."

„Wart ihr da schon hier?"

„Deutschland, Österreich-Ungarn, Ungarn, Rumänien – die Großeltern sind noch in Österreich-Ungarn geboren, als die Mama und ich zur Welt kamen, war es schon Rumänien, der genau gleiche Fleck auf der Welt."

Die Heidi legte den Kopf schief.

Jetzt steht sie hier, die Susanne, in Deutschland. Ein Erdbeerkuchen, denkt sie. Vielleicht kann ich ja einen Erdbeerkuchen machen. Um diese Jahreszeit? Eher nicht. Vielleicht gibt es ja Rhabarber. In einem der Unterschränke entdeckt sie eine verkratzte Kuchenform. Damit müsste es gehen.

In dem anderen Zimmer, das von der Küche abgeht, hört Susanne Schritte, ein Fenster wird gekippt. Die Tür geht auf und eine kräftige Frau mit langen grauen Haaren tritt in die Küche. Sie trägt ein schlichtes blaues Kleid, ihre Armreifen klimpern. Das Fenster in der Küche schlägt durch den Luftzug zu.

„Ach, das Fenster", sagt die Frau, „Sie sind neu hier?"

Sie tritt mit einem offenen Lächeln auf Susanne zu.

„Ja, wir heißen Schmitz. Susanne Schmitz. Wir sind gestern Abend mit unseren beiden Kindern angekommen."

„Woher kommen Sie?"

„Aus dem Banat, aus Hatzfeld."

„Wir sind aus Hermannstadt. Und wir sind schon zwei Wochen hier, mein Mann und ich. Herzberg, Irmgard Herzberg." Die Frau reicht ihr die Hand, hat einen warmen Händedruck. „Haben Sie sich schon umgesehen?"

„Noch nicht so richtig. Mein Mann ist mit den Kindern unterwegs. Ich bin bisher nicht weiter als bis in die Küche gekommen", lacht Susanne.

„Sehr einfach hier. Ist ja nur für den Übergang."

„Ich dachte daran, Kuchen zu machen. Wissen Sie …?"

„Gleich die Straße runter gibt es einen Supermarkt. Haben Sie die Einkaufsscheine schon bekommen? Die können Sie dort einsetzen. Ist nicht viel, doch es geht. Sie werden sich hier schon zurechtfinden. Und, es ist ja nur für den Übergang."

Die Autorinnen und Autoren dieses Bandes

Anton Borlinghaus, geboren 1993 in Stuttgart und aufgewachsen bei Ravensburg, studierte später Germanistik, Kulturwissenschaft und Informatik in Mannheim und Stuttgart, lebt in Berlin. 2019 erschien seine Erzählung *Die Studie* bei SUKULTUR.

Philipp Cyprian, geboren 1997, studierte Soziologie in Bremen. Davor und danach Auslandsaufenthalte in London und Kanada. Veröffentlichungen in Zeitschriften und Anthologien. Teilnehmer der Prosawerkstatt Graz 2022. Seit 2020 Studium am Literaturinstitut in Hildesheim.

Jürgen-Thomas Ernst wuchs in Hohenems auf und maturierte an der HBLA für Forstwirtschaft 1995 in Bruck an der Mur. Bereits während seiner Schulzeit schrieb er Theaterstücke, die zahlreiche Stipendien und Preise erhielten. *Nachtschicht* (1994) wurde 1996 am Theater am Saumarkt in Feldkirch, *Der Wortmörder* (1999) und *Karoline Redler* (nach dem nationalsozialistischen Justizmordopfer) (2004) wurden am Vorarlberger Landestheater uraufgeführt. Mit *Anima* veröffentlichte er 2010 seinen ersten Roman. Im Herbst 2015 erschien mit „Vor hundert Jahren und einem Sommer" sein zweiter historischer Roman, der bereits vor seiner Veröffentlichung mehrfach ausgezeichnet wurde. 2021 wurde sein neuester Roman *Das Wasserkomplott* publiziert. Jürgen-Thomas Ernst ist Vater von zwei Töchtern, lebt und arbeitet meist in Bregenz.

Marion Vera Forster, *1977 in Memmingen. Aufgewachsen in Allgäuer Dörfern und europäischen Sprachen, zwischen Büchern, Bildern, Bühnen, Tieren und Arenen. Magister der Philosophie, Romanistik, Germanistik. Ghostwriter, Textworker, Stimme. Lebt im Grenzland von Österreich: als Schriftstellerin im Naturschutzgebiet und im Schaffenszusammenhang ihrer Natural Winery in Mörbisch am See. Diverse Stipendien. Zahlreiche Veröffentlichungen von Lyrik und Prosa in Zeitschriften, Anthologien, Installationen.

Heinz Peter Geißler, geb. 1962 in Fischen/Allgäu, wohnt in München und Cormoret/Schweiz. Studium der Philosophie mit Abschluss M. A. in München. Freie Redaktions- und Lektoratsarbeiten für verschiedene Verlage. 1997 Literaturstipendium der Landeshauptstadt München. Zwischen 2000 und 2006 entstanden vier Kinderbücher im Hanser Verlag; zahlreiche Beiträge in Anthologien und Zeitschriften; 2021 erschien „Ich geh mir einen Vogel fangen u. a." und 2022 „grüne Tiefe" (beide Engeler Verlag).

Michaela Hanel, *1986 in Friedrichshafen. Sie studierte Publizistik- und Kommunikationswissenschaft in Wien und in den USA sowie Psychologie in Wien. Ihre Texte wurde mehrfach ausgezeichnet und gefördert, u. a. mit Stipendien der Kunststiftung Baden-Württemberg und des Förderkreises deutscher Schriftsteller in Baden-Württemberg, mit Auszeichnungen beim Schwäbischen Literaturpreis (2009, 2017) und dem Künstlerförderpreis der Stadt Friedrichshafen. Auf ihrem Blog beleuchtet sie psychologische Alltagsfragen anhand von Romanen und ihren Figuren. Sie ist ausgebildete Psychotherapeutin und lebt in der Nähe von Tübingen.

Kerstin Herzog veröffentlichte 2018 den Novellenband „Die Illusionisten" über BoD. Im folgenden Jahr schloss sie sich dem Münchner Autorenkollektiv AgAti an. Gemeinsam veröffentlichte das Kollektiv den Kurzgeschichtenband „Verloren im Alltag". In München wurden die Lesungen fabelhaft von Ulli Habersetzer vom Bayerischen Rundfunk moderiert. Im Pandemiejahr 2020 wurde Kerstin Herzog eingeladen, dem Literaturkanal Augsburg beizutreten. Im ersten Lockdown bot er Autor*innen aus Augsburg eine Plattform, Lesungen online durchzuführen. Sie arbeitet seit vielen Jahren in der Universitätsbibliothek Augsburg als Bibliothekarin und wohnt mit ihrem Lebensgefährten Harald Alt, einem Jazzmusiker, und der gemeinsamen Tochter Florentine im Antonsviertel am Wittelsbacher Park.

Fee Katrin Kanzler, 1981 in Ulm geboren, studierte in Tübingen und Stockholm, war Stipendiatin des Klagenfurter Literaturkurses, erhielt den Förderpreis für Literatur der Stadt Ulm und ein Jahresstipendium für Literatur vom Land Baden-Württemberg. Ihr Roman „Die Schüchternheit der Pflaume" (FVA, 2012) war für den „aspekte"-Literaturpreis für das beste deutschsprachige Debüt des ZDF nominiert. 2016 erschien ihr Roman „Sterben lernen". 2020 und 2022 war sie Finalistin beim Irseer Pegasus.

Katharina Kerber: Geboren 1984 in Augsburg, Studium am Deutschen Literaturinstitut in Leipzig (2004/2005) und Medizinstudium von 2005-2011 an der Universität Rostock. Längere Auslandsaufenthalte in Chile und Paraguay (2003/2004), Venezuela (2009) und Kolumbien (2010/2011). Seit 2012 wohnhaft in Augsburg und Arbeit als Kinderärztin in München und Landsberg am Lech. Bisherige Preise (u.a.): Victor-Klemperer Jugendwettbewerb 2001, Preise beim Prosawettbewerb des Literaturhauses Rostock 2008 und 2009.

Michael Lichtwarck-Aschoff, geboren 1946 im ländlichen Umkreis Münchens, verheiratet, 2 Kinder, 2 Enkel, arbeitete lange Jahre als Intensivmediziner in Augsburg. Pflichtgemäß schrieb er zahlreiche Arztbriefe. Abgesehen davon ist 2021 sein Roman: „Robert Kochs Affe" erschienen.

Elisabetta Michel, 1999 geboren in Lindau (Bodensee), studiert Psychologie in Leipzig. In Studium und Schreiben setzt sie sich mit postmigrantischen & intergenerationalen Themen auseinander. Neben Literatur begeistern sie feministische Bewegungen, ihr Kitajob und guter Aperitif.

Daniel Mylow, 1964 geb. in Stuttgart, Aufenthalte in Düsseldorf, Hannover, Berlin, Krefeld. Studium in Bonn und Marburg. Ausbildung in Kassel. Oberstufenlehrer in Hof und Wernstein, Marburg, Mainz, seit 2018 an der Freien Waldorfschule in Überlingen/Bodensee. Poesiepädagoge und Dozent für Literatur. Letzte Publikationen: *Rotes Moor* (Poetischer Thriller), Cocon Verlag Hanau 2017. *Greisenkind* (Roman) net Verlag Chemnitz 2020. *Wenn du mir folgst ...* (Poetischer Thriller), EinBuch Literaturverlag Leipzig 2022. Zahlreiche Publikationen von Lyrik und Kurzprosa in Anthologien und Literaturzeitschriften. Diverse Auszeichnungen, zuletzt 2021 Lore Perls Literaturpreis (Verleihung 2022) und Bonner Literaturpreis. Kempener Literaturpreis 2017, Preis der Sparkassenstiftung Groß-Gerau 2017, Merck-Stipendiat der Stadt Darmstadt 2018.

Andreas Schmid wurde am 3.7.1998 in Wertingen geboren und ist dort aufgewachsen. Nach dem Abitur zog es ihn nach Würzburg, wo er Anglistik und Alte Welt studierte. Während seinem Auslandsjahr am University College Dublin begann er in einem Creative Writing Kurs mit dem Schreiben. Die Kurzgeschichte für den Literaturpreis Schwaben 2022 ist seine erste Teilnahme an einem Schriftstellerwettbewerb und seine erste veröffentlichte Geschichte. Inzwischen lebt er in Augsburg.

Noemi Schneider, 1982 in München geboren, studierte Publizistik und Regie an der HFF München. Sie arbeitet als freie Autorin für Film, Funk und Print. Ihre Kurzgeschichten und Essays wurden mehrfach ausgezeichnet. 2017 erschien ihr Roman „Das wissen wir schon" bei Hanser Berlin, im selben Jahr war sie für den Ingeborg Bachmann Preis nominiert. Im August 2022 erschien ihr erstes Kinderbuch „Der Junge, der Ball und die Mauer" im C. Hanser Verlag. Sie lebt in München und Weiler im Allgäu.

Hanspeter Wieland, 1948 in Radolfzell am Bodensee geboren, lebt nach Jahren in Immenstaad heute in Überlingen. Viele Jahre als Industriearbeiter in Friedrichshafen und Markdorf. Autor und Herausgeber. Zahlreiche Beiträge zu Dialekt und Region. Mundart-Gedichtbände und CD. Mitbegründer des Literarischen Jahresheftes „Mauerläufer".

Maren Wurster (1976 in Filderstadt) arbeitet als freie Autorin. Sie studierte Philosophie in Köln und Literarisches Schreiben in Leipzig. Ihr Debüt „Das Fell" erschien 2017 bei Hanser Berlin. 2021 folgte das Memoir „Papa stirbt, Mama auch". 2022 veröffentlicht sie ihren zweiten Roman „Eine beiläufige Entscheidung" sowie das erzählende Sachbuch „Totenwache. Eine Erfahrung". Maren Wurster ist Teil des Kollektivs „Writing with care/rage". Sie lebt in Berlin und im Wendland.

Themen früherer Literaturpreise

2020	Heimat
2019	Metamorphosen
2018	Schönheit
2017	Spielen
2016	Kindheit
2015	In der Nacht
2014	Essen
2013	Farben
2012	Zugewandert
2011	Fluss
2010	In den Bergen
2009	Unterwegs
2008	Leben in der Stadt
2007	Landleben
2006	Harmonie und Disharmonie
2005	Krieg und Frieden

Zumeist noch erhältlich beim Wißner-Verlag und bei der Heimatpflege des Bezirks Schwaben.